새로 나온 《기탄한자》 -
어린이들로부터 사랑받는 학습지가 되겠습니다.

● 《기탄한자》를 고대하신 여러분께 감사드립니다.

그 동안 《기탄수학》, 《기탄국어》 등의 교재를 사용해 보시고 《기탄한자》가 나오기를 고대하신 여러분들께 감사드립니다.

학부모님들의 열화 같은 요청에 의하여 오랜 연구와 각고끝에 드디어 《기탄한자》가 선을 보이게 되었습니다.

그 동안 저희 연구진이 할 수 있는 최선의 노력을 기울여서 만든 작품이니만큼 결코 실망시키지 않으리라 확신하며 사랑받는 학습지로 더욱 심혈을 기울여 나가겠습니다.

● 한자를 모르고는 공부를 잘 할 수 없습니다.

학부모님들도 잘 아시다시피, 우리말의 약 70% 정도가 한자어로 구성되어 있으며 수학, 사회, 과학 등 각 교과서의 학습용어 대부분이 한자로 되어 있습니다. 따라서 한자를 초등 학교 저학년 때부터 미리 알면 어휘를 정확하게 이해하게 되어 언어생활을 바르게 할 수 있게 됩니다. 뿐만 아니라 다른 교과의 내용도 심도 있게 이해할 수 있는 기초 능력을 길러 주게 되어 저절로 성적이 쑥쑥 향상될 수 있습니다.

한자를 모르고는 결코 좋은 성적을 내기가 어렵습니다.

● 이제 한자 학습은 필수! 《기탄한자》로 시작해 보십시오.

21세기는 세계의 중심축이 한자 문화권에 놓이게 될 것입니다. 따라서 공통문자 또는 국제문자로서의 한자의 역할이 증대될 것입니다. 《기탄한자》는 이러한 국제 사회의 흐름에 발맞추어 한자를 쉽고 재미있게 정복할 수 있도록 9단계 교재로 엮어 놓았습니다.

적은 비용으로 최고효과를 거둘 수 있도록 기획된 《기탄한자》, 지금 곧 시작해 보십시오.

《기탄한자》 – 개인별 · 능력별 프로그램식 학습교재입니다.

1 모두 9단계의 교재로 만들었습니다.

《기탄한자》는 A단계에서 I단계까지 총 9단계로 구성된 학습지입니다.
각 단계는 모두 4권으로 4개월 동안 학습할 수 있게 구성되어 있으며, A단계부터 I단계까지 모두 36권으로 36개월(3년) 정도가 소요됩니다.

2 1주일에 4자씩, 1달에 16자, 1년에 200여 한자를 익힐 수 있습니다.

《기탄한자》는 1주일에 4자씩 새로운 한자를 익히게 구성되어 있어서, 1달 과정이 끝나면 16자의 한자를 익힐 수 있습니다.
한 단계는 4권으로 구성되어 있어 모두 600여 한자를 학습할 수 있습니다.
※ G~I단계에는 한 주에 5자씩 수록되어 있습니다.

3 기초한자 학습부터 한자급수시험까지 상세하고 완벽하게 대비하였습니다.

《기탄한자》의 총 9단계 중 A~C단계 교재는 새로이 발표된 교육부 선정 한자를 위주로 하여 초등 학교 저학년 어린이들에게 필요한 기초 생활한자를, D~F단계 교재는 초등 학교 고학년 어린이들에게 필요한 기초 생활한자를 익힐 수 있도록 구성되어 있으며, G~I단계 교재는 한자급수시험 대비를 겸하여 꾸며져 있습니다.

4 부담없는 반복 학습으로 효과가 확실합니다.

《기탄한자》는 매주 부담없게 4~5자씩 새로운 한자를 익히며 그 동안 배운 한자를 다양한 학습 방법을 통하여 반복해서 익힐 수 있도록 재미있게 구성하였습니다.

■ 기탄한자 단계별 학습내용 ■

A~C단계	초등 학교 저학년에게 필요한 교육부 선정 한자 192자 및 부수 학습
D~F단계	초등 학교 고학년에게 필요한 교육부 선정 한자 192자 및 부수 학습
G~I단계	교육부 선정 240자 위주. 한자급수시험 대비

《기탄한자》는 치밀하게 계산된 학습 시스템으로 일반 학습 교재와는 전혀 다릅니다.

1 자신감이 생기는 학습

한자문맹「흔들리는 교육」이란 제목 하에 우리 나라 최고 명문대에서 학생들이 한자를 제대로 알지 못해서 수업이 제대로 되지 못한 사건이 발생했다고 신문에 기사화 되어 충격을 준 적이 있습니다.

현재 대부분의 학생들은 물론 일반인들까지 부모나 형제 자매의 이름을 제대로 쓰는 사람이 드물다는 것이 전문가들의 대체적인 시각입니다.

《기탄한자》로 지금 시작해 보십시오.

초등 학교 때부터 하루 10분 정도만 학습하면 한자가 익숙해져 자연스럽게 한자문맹에서 해방됩니다. 초등 학교 때부터 자연스럽게 신문이나 잡지도 볼 수 있게 되어 자신감이 생기고 따라서 성적도 쑥쑥 올라가게 됩니다.

《기탄한자》, 자녀에게 자신감을 키워줍니다.

2 올바른 학습 습관이 생기는 학습

《기탄한자》는 어린이들에게 한자학습이 재미있고 흥미로운 것이라는 인식을 심어줄 수 있도록 다양한 형식과 체제로 구성하였습니다. 따라서 가정에서는 어린이의 생활습관을 규칙적으로 꾸며 가도록 지도해 주시는 것이 중요합니다.

《기탄한자》로 매일 일정한 시간에 일정량을 꾸준히 공부하다 보면 생활 리듬이 일정해져 공부시간도 틀에 잡히고 효과적인 학습도 가능해져 '몸에 맞는' 올바른 학습습관이 생기게 됩니다.

3 집중력이 생기는 학습

공부는 많이 하는데 성적이 오르지 않는 어린이는 집중력이 약하기 때문입니다.

《기탄한자》는 매일 2~3장을 10분안에 학습하는 훈련을 반복함으로써 자연스럽게 집중력이 최고로 강화될 수 있도록 하였습니다.

《기탄한자》는 매일 10분 학습으로 집중력을 길러주는 학습 시스템입니다.

4 창의력이 생기는 완전학습

창의력이란 아무것도 없는 데서 새로운 것을 찾는 능력이 아니라 이미 알고 있는 것에서 조금 다른 것을 찾는 능력이라고 합니다.

이러한 창의력은 어떻게 생길까요? 바로 다양한 체험을 통해서 가능해집니다.

《기탄한자》는 다양한 학습체험을 통해 읽고, 쓰고, 깨달음으로써 자연스럽게 창의력을 키워주어 완전학습으로 나가게 해줍니다.

교재 학습 방법

1 교재 선택

처음 한자 학습을 시작하는 어린이는 교재의 첫부분 A단계부터 시작해 주십시오.

그 동안 한자 학습을 진행한 어린이는 자신의 능력과 수준에 맞추어 교재를 선택하되 학습자의 능력보다 약간 낮은 단계부터 시작하는 것이 효과적입니다. 학습자의 능력보다 수준이 높은 교재를 선택하면 공부에 흥미를 잃어 중도에서 포기하기 쉽습니다.

2 교재 활용

교재는 한 권이 4주분으로 한 달간 학습할 수 있도록 편집되어 있습니다. 교재를 구입하시면 주저하지 마시고 먼저 1주일 분량씩 분리해서 매주 1권씩 어린이에게 주십시오. 한꺼번에 교재를 주면 어린이가 부담스러워 학습을 미루거나 포기하기 쉽습니다(교재가 잘 나누어지도록 제작되어 있음).

3 교재 학습

매주 새로운 한자를 4~5자씩 배울 수 있게 계획되어 있습니다. 매일 일정한 시간을 정해놓고 하루에 2~3장씩 10분 정도 학습할 수 있게 지도해 주십시오. 매일 배운 한자를 여러 형태로 음과 뜻, 짜임, 활용 등을 활용 반복해서 학습할 수 있게 되어 있으므로 밀리지 않고 차근차근 따라하면 기초한자를 쉽게 정복할 수 있습니다. 어린이의 학습의욕과 성취도에 따라 학습량을 조절해 주시되 무리하게 학습을 시키지 않도록 유의해 주시고 스스로 공부하는 바른 습관이 붙도록 해 주십시오.

4 자녀의 학습 관리

어머니는 이 세상의 그 어느 선생님보다도 더 훌륭한 최상의 선생님으로 어머니의 사랑으로 자녀를 가르칠 때 그 효과가 가장 높다는 것이 교육학자들의 일반적인 견해입니다. 자녀들이 학습한 내용들을 일 주일에 한 번씩 날짜를 정해놓고 5~10분간만 투자해서 확인해 주시고 관심을 보여 주십시오. 그리고 칭찬해 주십시오. 칭찬을 잘 하는 어머니가 공부를 잘 가르치는 최고의 선생님이란 것을 잊지 마십시오. 어머니의 관심도에 비례해서 자녀의 한자실력이 쑥쑥 자라난다는 것도 잊지 마세요.

학습을 시작하기 전에 꼭 읽어 주세요

다음에 소개되는 내용을 꼭 외울 필요는 없습니다.
금방 이해가 가지 않는 내용도 있을 것입니다.
그러나 교재를 풀다 보면, '아하! 그 말이었구나.' 하고
느끼면서 저절로 알게 될 내용들입니다.
그러나 중요한 것이라서 자주 보고 읽어 두어야 합니다.
그래야만 한자를 쉽게 익힐 수 있으니까요.

1. 한자의 3요소

한자는 3가지 중요한 것으로 구성되어 있습니다. 한자 공부를 잘 하려면
이 3가지를 항상 같이 익혀야 합니다.
　(1)한자의 뜻(훈)　(2)한자의 소리(음)　(3)한자의 모양(형)

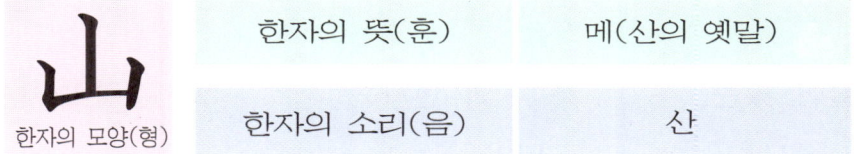

山 한자의 모양(형)	한자의 뜻(훈)	메(산의 옛말)
	한자의 소리(음)	산

2. 한자는 이렇게 만들어졌다.

모든 한자는 크게는 3가지, 작게는 6가지 원칙으로 만들어진 글자입니다.

(1) 기본 한자
　1)눈에 보이는 사물을 본떠서 만들었습니다.
　　날 일(日) 등이 그러합니다.
　2)눈에는 보이지 않지만, 뜻을 부호로 표시했습니다.
　　한 일(一), 위 상(上) 등이 그러합니다.

(2) 합쳐서 만든 한자

1)이미 만들어진 사물 모양의 한자들을 합쳐서 만들었습니다.
동녘 동(東), 수풀 림(林) 등이 그러합니다.
2)사물 모양의 한자와 부호 한자를 합쳐서 만들었습니다.
한자의 음(소리)은 합쳐진 한자 중 하나와 같습니다.
물을 문(問), 공 공(功) 등이 그러합니다.

(3) 운용 한자

1)어떤 한자에 다른 뜻과 다른 소리를 내도록 만든 한자로서
원래 한자의 뜻과 관계가 있습니다.

> **예** 惡이란 한자는 원래 '악할 악' 자입니다. 그러나 악한 사람들을 모두가 미워한다는 뜻으로 '미워할 오' 자로도 씁니다.

2)외국어로 표기할 때 원래의 뜻과는 아무 상관 없이 비슷한 한자로 표시합니다.

> **예** 미국을 한자로 美國이라고 쓴 이유는 美國이 중국말로 '음메이꿔' 라는 소리가 나기 때문입니다. 즉 '아메리카' 라는 발음이 가장 가까운 것이 美國이란 한자입니다.

3. 획이란 무엇인가요?

펜을 떼지 않고 한 번에 쓸 수 있는 점이나 선을 획이라고 합니다. 한자의 획수란 그 한자의 총 획이 몇 번인가를 말합니다.
획수는 한자 사전에서 모르는 한자를 찾을 때 다음에 소개할 부수(部首)만큼 중요한 것입니다.

예 메 산 山의 획수

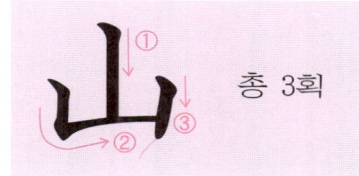

총 3획

4. 부수(部首)를 알면 한자가 보인다.

(1) 부수(部首)란 무엇인가?

앞으로 이 책에는 부수(部首)란 말이 매우 많이 나옵니다. 그만큼 한자에서는 부수(部首)가 중요하다는 뜻이겠지요? 그렇다면 부수(部首)란 도대체 무엇일까요?

부수(部首)란 합쳐서 만들어진 한자 중에서 서로 공통되는 부분을 말합니다.

예를 들어, 큰산 악(岳), 언덕 안(岸), 봉우리 봉(峰), 고개 현(峴) 등에는 공통적으로 메 산(山)이 들어 있지요? 그리고 예를 든 모든 한자가 산(山)과 관계가 있음을 알 수 있습니다.

(2) 부수(部首)의 종류

부수(部首)는 놓이는 위치에 따라서 그 이름이 달라집니다.

변
한자의 왼쪽에 위치한 부수를 변이라고 합니다.
예) 바다 해 海(氵 물 수변, 삼수변)

방
한자의 오른쪽에 위치한 부수를 방이라고 합니다.
예) 고을 군 郡(阝 우부방)

머리

한자의 위쪽에 위치한 부수를 머리라고 합니다.
예) 편안할 안 安(宀 갓머리, 집 면)

엄

한자의 위에서 왼쪽 아래로 걸쳐진 부수를 엄이라고 합니다.
예) 사람 자 者(耂 늙을 로엄)

발

한자의 밑에 위치한 부수를 발이라고 합니다.
예)충성할 충 忠(心 마음 심발)

받침

한자의 왼쪽에서 아래로 걸친 부수를 받침이라고 합니다.
예) 멀 원 遠(辶 책받침)

에울몸

한자의 전체를 에워싸고 있는 부수를 에울몸이라고 합니다.
예) 넉 사 四(囗 에울 위, 큰입 구몸)

제부수

그 한자의 자체가 부수인 것을 제부수라고 합니다.
예) 높을 고 高(高 높을 고부수)

B 단계 교재 B61a-B75b

한석봉
기탄한자

이번 주에 배울 한자

鳥	羽	谷	食
새 조	깃털 우	골짜기 곡	밥 식

금주평가	읽 기	쓰 기	이번 주는?
	Ⓐ 아주 잘함	Ⓐ 아주 잘함	· 학습방법 ① 매일매일 ② 가끔 ③ 한꺼번에 - 하였습니다.
	Ⓑ 잘함	Ⓑ 잘함	· 학습태도 ① 스스로 잘 ② 시켜서 억지로 - 하였습니다.
	Ⓒ 보통	Ⓒ 보통	· 학습흥미 ① 재미있게 ② 싫증내며 - 하였습니다.
	Ⓓ 부족함	Ⓓ 부족함	· 교재내용 ① 적합하다고 ② 어렵다고 ③ 쉽다고 - 하였습니다.

♣ 지도 교사가 부모님께

♥ 부모님이 지도 교사께

종합평가	Ⓐ 아주 잘함	Ⓑ 잘함	Ⓒ 보통	Ⓓ 부족함

원
교   반 이름   전화

기초 탄탄한 교육·기초 탄탄한 학습
기탄교육
www.gitan.co.kr/ (02)586-1007(대)

기탄 한자

지난 주에 배운 한자를 다시 한 번 써 보세요.

푸를 청	푸를 청	푸를 청	푸를 청	푸를 청
青	青	青	青	青

붉을 적	붉을 적	붉을 적	붉을 적	붉을 적
赤	赤	赤	赤	赤

몸 신	몸 신	몸 신	몸 신	몸 신
身	身	身	身	身

뼈 골	뼈 골	뼈 골	뼈 골	뼈 골
骨	骨	骨	骨	骨

😊 이번 주에 배울 한자를 큰 소리로 읽어 보세요.

鳥
새 조

谷
골짜기 곡

羽
깃털 우

食
밥 식

새 조(鳥)에 대해 알아봅시다.

| 鳥
새 조 | 조라고 읽습니다.
새라는 뜻입니다. |  |

●빈 칸에 알맞은 글을 쓰세요.

鳥는 [ ] 라고 읽고, [ ] 라는 뜻입니다.

鳥는 새의 모양을 본뜬 한자입니다.

●빈 칸에 알맞은 글을 쓰세요.

鳥는 [ ] 의 모양을 본뜬 한자입니다.

 필순에 따라 鳥를 바르게 쓰세요.

총 11획

鳥	鳥	鳥	鳥
鳥	鳥	鳥	鳥

● 뜻과 음을 소리내어 읽으면서 鳥를 쓰세요.

새 조	새 조	새 조	새 조	새 조
鳥	鳥	鳥	鳥	鳥

● 빈 칸에 알맞은 한자와 뜻, 음을 쓰세요.

鳥		
한자	뜻	음

	새	조
한자	뜻	음

😊 글을 읽고, **鳥**가 나오는 낱말을 알아봅시다.

鳥銃(조총)을 들고 참새를 잡으려는 사람들이
우리 마을에 나타났습니다.
"참새는 益鳥(익조)이니 잡지 마세요!"
내가 말리니까, 그 사람들이 웃으면서 말했습니다.
"지금은 추수철이니까 참새는 害鳥(해조)야."
나는 그 사람의 말이 옳은 것도 같았습니다.

● 鳥銃(조총):새를 잡는 총
● 益鳥(익조):사람에게 유익한 새   ● 害鳥(해조):사람에게 해를 주는 새

😊 빈 칸에 알맞은 한자를 쓰세요.

조	총	익	조	해	조
鳥	銃	益	鳥	害	鳥
	銃	益		害	

😊 흐린 글자를 따라 쓰면서 鳥를 익히세요.

鳥는 조 라고 읽고, 새 라는 뜻입니다. .

鳥는 새 모양을 본뜬 한자입니다.

鳥의 획수는 총 11 획입니다.

鳥가 들어 있는 鳥부수 의 한자는 새 와 관련있습니다.

😊 뜻과 음을 크게 읽으면서, 鳥를 쓰세요.

鳥	鳥	鳥	鳥	鳥
	鳥	鳥	鳥	鳥

🐞 鳥부수의 한자를 알아봅시다.

口
입 구

\+

鳥
새 조

\=

鳴
울 명

새가 입을 벌리고 울고 있습니다.

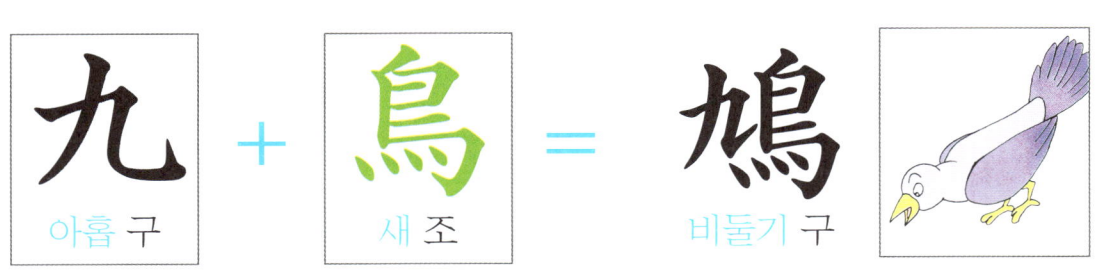

九
아홉 구

\+

鳥
새 조

\=

鳩
비둘기 구

비둘기들은 떼(아홉)를 지어 모여 사는 새입니다.

🐞 鳥부수의 한자를 찾아 ○표 하세요.

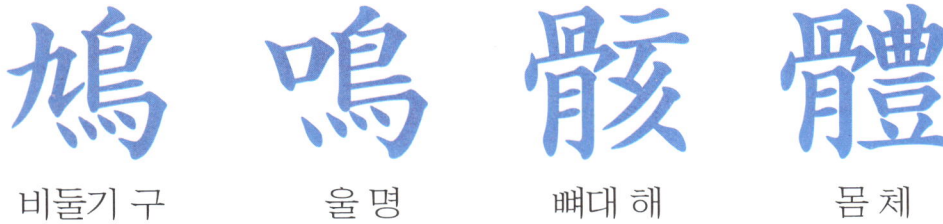

鳩   鳴   骸   體

비둘기 구   울 명   뼈대 해   몸 체

🐛 깃털 우(羽)에 대해 알아봅시다.

| 羽 깃털 우 | 우라고 읽습니다. 깃털이라는 뜻입니다. | 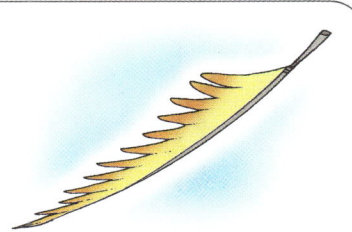 |

●빈 칸에 알맞은 글을 쓰세요.

羽는 [ ] 라고 읽고, [ ][ ] 이라는 뜻입니다.

🐷 羽는 새의 날개깃을 본뜬 한자입니다.

●빈 칸에 알맞은 글을 쓰세요.

羽는 새의 [ ][ ][ ] 을 본뜬 한자입니다.

😊 필순에 따라 羽를 바르게 쓰세요.

羽	羽	羽	羽	羽
羽	羽	羽	羽	羽

● 뜻과 음을 소리내어 읽으면서 羽를 쓰세요.

깃털 우	깃털 우	깃털 우	깃털 우	깃털 우
羽	羽	羽	羽	羽

● 빈 칸에 알맞은 한자와 뜻, 음을 쓰세요.

羽				깃털	우
한자	뜻	음	한자	뜻	음

😊 글을 읽고, **羽**가 나오는 낱말을 알아봅시다.

을숙도는 羽族(우족)들의 천국입니다.
조개나 벌레 따위의 먹이감이
많기 때문입니다. 羽翼(우익)을
펴고 날아가는 철새 떼의
모습은 참 아름답습니다.
철새는 보통 羽傑(우걸)을 따라
떼를 지어 날아갑니다.

● 羽族(우족):각종 새들
● 羽翼(우익):새의 날개 ● 羽傑(우걸):우두머리 새

😊 빈 칸에 알맞은 한자를 쓰세요.

우	족	우	익	우	걸
羽	族	羽	翼	羽	傑
	族		翼		傑

😊 흐린 글자를 따라 쓰면서 **羽**를 익히세요.

羽는 우 라고 읽고, 깃털 이라는 뜻입니다.

羽는 새의 날개깃 을 본뜬 한자입니다.

羽의 획수는 총 6 획입니다.

羽가 들어 있는 羽부수 의 한자는 깃털 과 관련있습니다.

😊 뜻과 음을 크게 읽으면서 羽를 쓰세요.

羽	羽	羽	羽	羽
羽	羽	羽	羽	羽

 羽부수의 한자를 알아봅시다.

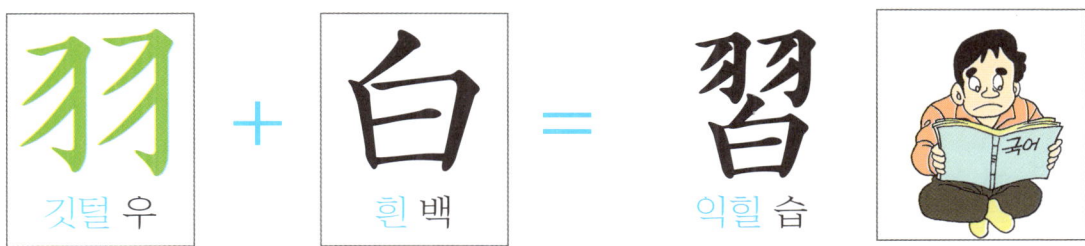

羽 + 白 = 習

깃털 우 │ 흰 백 │ 익힐 습

어린 새는 흰 날개를 펄럭이며 비행 연습을 합니다.

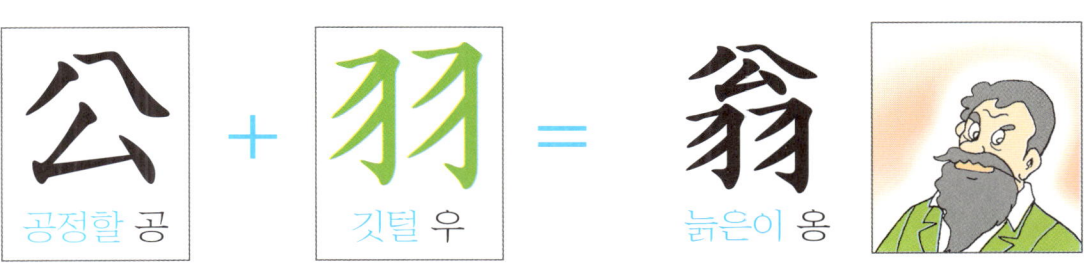

公 + 羽 = 翁

공정할 공 │ 깃털 우 │ 늙은이 옹

깃털 같은 수염을 가진 어른은 늙은이입니다.
참고 公은 상대를 높이는 뜻으로 쓰였습니다.

 羽부수의 한자를 찾아 ○표 하세요.

늙은이 옹 │ 비둘기 구 │ 울 명 │ 익힐 습

😊 골짜기 곡(谷)에 대해 알아봅시다.

谷
골짜기 곡

곡이라고 읽습니다.
골짜기라는 뜻입니다.

● 빈 칸에 알맞은 글을 쓰세요.

谷은 □ 이라 읽고, □ □ □ 라는 뜻입니다.

😊 谷은 계곡 모양을 본뜬 한자입니다.

● 빈 칸에 알맞은 글을 쓰세요.

谷은 □ □ 모양을 본뜬 한자입니다.

 필순에 따라 谷을 바르게 쓰세요.

谷	谷	谷	谷
谷	谷	谷	谷

●뜻과 음을 소리내어 읽으면서 谷을 쓰세요.

골짜기 곡	골짜기 곡	골짜기 곡	골짜기 곡	골짜기 곡
谷	谷	谷	谷	谷

●빈 칸에 알맞은 한자와 뜻, 음을 쓰세요.

谷				골짜기	곡
한자	뜻	음	한자	뜻	음

글을 읽고, 谷이 나오는 낱말을 알아봅시다.

졸졸졸
북한산 溪谷(계곡)에
谷水(곡수) 맛이 달구나.

솔솔솔
도봉산 자락에는
谷風(곡풍)이 불어 오네.

- 溪谷(계곡): 물이 흐르는 골짜기
- 谷水(곡수): 골짜기의 물   ● 谷風(곡풍): 골짜기에 부는 바람

빈 칸에 알맞은 한자를 쓰세요.

계	곡	곡	수	곡	풍
溪	谷	谷	水	谷	風
溪			水		風

😊 흐린 글자를 따라 쓰면서 谷을 익히세요.

谷은 곡 이라고 읽고, 골짜기 라는 뜻입니다.

谷은 계곡 모양을 본뜬 한자입니다.

谷의 획수는 총 7 획입니다.

谷이 들어 있는 谷부수 의 한자는 골짜기 또는

계곡 과 관련있습니다.

😊 뜻과 음을 크게 읽으면서, 谷을 쓰세요.

谷					

😊 谷이 들어간 한자를 알아봅시다.

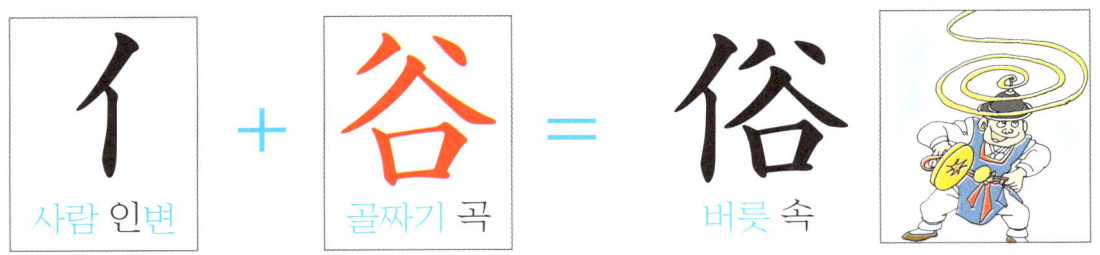

亻	谷	俗
사람 인변	+ 골짜기 곡	= 버릇 속

같은 골짜기에 사람들이 모여 살면 같은 풍속을 가지게 됩니다.

참고 버릇 속(俗)은 사람 인(亻)부수의 한자입니다.

😊 谷을 다시 한번 써 보세요.

골짜기 곡	골짜기 곡	골짜기 곡	골짜기 곡	골짜기 곡
谷				

😊 谷이 들어간 한자를 찾아 ○표 하세요

翁　　　　俗　　　　鳴　　　　習

늙은이 옹　　버릇 속　　울 명　　익힐 습

😊 밥 식(食)에 대해 알아봅시다.

식이라고 읽습니다.
밥 또는 **먹는다**는 뜻입니다.

● 빈 칸에 알맞은 글을 쓰세요.

食은 ☐ 이라고 읽고, ☐ 또는

☐☐☐ 는 뜻입니다.

😊 食은 정미소에서 쌀을 찧는 모습을 본뜬 한자입니다.

● 빈 칸에 알맞은 글을 쓰세요.

食은 ☐ 을 찧는 모습을 본뜬 한자입니다.

😊 필순에 따라 食을 바르게 쓰세요.

食	食	食	食
食	食	食	食	食

● 뜻과 음을 소리내어 읽으면서 食을 쓰세요.

밥 식	밥 식	밥 식	밥 식	밥 식
食				

● 빈 칸에 알맞은 한자와 뜻, 음을 쓰세요.

食				밥	식
한자	뜻	음	한자	뜻	음

😊 글을 읽고, **食** 이 나오는 낱말을 알아봅시다.

"자, 점심 食事(식사) 시간이다!"
아버지께서 물놀이를 하는 우리를 부르셨습니다.
밖에 나오면 늘 아버지가 食事 당번이 됩니다.
"와! 맛있는 찌개다."
우리 食口(식구)는 옹기종기 모여서
맛있게 飮食(음식)을 먹었습니다.

● 食事(식사) : 밥 먹는 일 ● 食口(식구) : 가족
● 飮食(음식) : 먹고 마시는 것

😊 빈 칸에 알맞은 한자를 쓰세요.

식	사		식	구		음	식
食	事		食	口		飮	食
	事			口		飮	

😊 흐린 글자를 따라 쓰면서 食을 익히세요.

食은 식 이라고 읽고, 밥 또는 먹는다 는 뜻입니다.

食의 획수는 총 9 획입니다.

食이 들어 있는 食부수 의 한자는 밥 또는

먹고 마시는 것 과 관련있습니다.

😊 뜻과 음을 크게 읽으면서, 食을 쓰세요.

食				

 食부수의 한자를 알아봅시다.

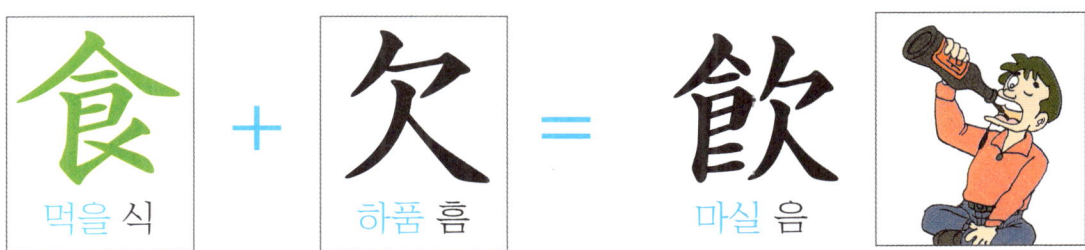

食 먹을 식 + 欠 하품 흠 = 飲 마실 음

물을 마실 때는 하품할 때처럼 입을 벌립니다.

참고 食부수는 𩙿으로도 씁니다.

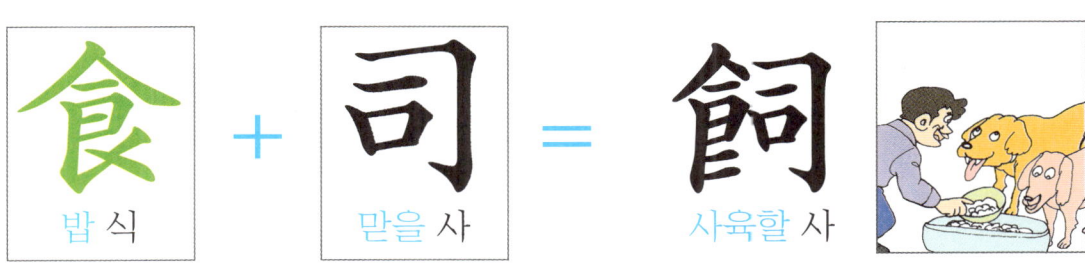

食 밥 식 + 司 맡을 사 = 飼 사육할 사

동물을 맡아서 밥을 먹이는 사람은 사육사입니다.

 食부수의 한자를 찾아 ○표 하세요.

飲 마실 음　　飼 사육할 사　　俗 버릇 속　　鳴 울 명

뜻과 음을 읽으면서, 이번 주에 배운 한자를 쓰세요.

새 조	새 조	새 조	새 조	새 조
鳥				

깃털 우	깃털 우	깃털 우	깃털 우	깃털 우
羽				

골짜기 곡	골짜기 곡	골짜기 곡	골짜기 곡	골짜기 곡
谷				

밥 식	밥 식	밥 식	밥 식	밥 식
食				

그림과 관계 있는 한자를 선으로 이어 보세요.

 •

 •

 •

 •

 •

 •

 •

 •

부수가 같은 한자끼리 선을 이으세요.

鳥

새 조

 翁

늙은이 옹

羽

깃털 우

 鳴

울 명

食

밥 식

飮

마실 음

😊 빈 칸에 알맞은 한자를 쓰세요.

익	조

우	익

계	곡

식	구

동화를 읽고, 빈 칸에 알맞은 한자를 쓰세요.

일본을 망하게 하시오

무더운 여름날이었습니다.

시원한 溪谷(계곡)에서 여러 사람들과 食事(식사)를 하고 있던

역적 이완용이 일본인에게 받은 鳥銃(조총)을 자랑하고 있었습니다.

"일본 사람들은 정말 훌륭해.

조선 사람들이라면 이런 것을 꿈에도 만들어 내지 못할 거야."

곁에서 羽翼(우익)으로 만든 부채를 흔들고 있던

역적 송병준이 맞장구를 쳤습니다.

"그런 걸 보면, 조선이 일본에 망한 것이 당연하지요."

이 말을 듣고 있던 이상재 선생이 말했습니다.

"저는 두 분이 일본에 가서 살았으면 좋겠습니다."

"무슨 말씀이신지요?"

두 분이 조선에 살면서 조선을 망하게 했으니,

"일본에 가서 살면 일본을 망하게 하지 않겠습니까?"

새 조	깃털 우	골짜기 곡	밥 식

빈 칸에 알맞은 한자를 써서 단어를 완성하고, 같은 뜻과 연결하세요.

익	조
益	

각종 새들

우	족
	族

사람에게 유익한 새

계	곡
溪	

먹고 마시는 것

음	식
飮	

물이 흐르는 골짜기

서로 알맞은 것끼리 선을 이으세요.

鳥　　羽　　谷　　食

골짜기　　깃털　　밥　　새

우　　식　　곡　　조

🐷 왼쪽 그림이 변해서 무슨 한자가 되었을까요?
빈 칸에 알맞은 뜻과 음, 한자를 쓰세요.

뜻	음	한자

뜻	음	한자

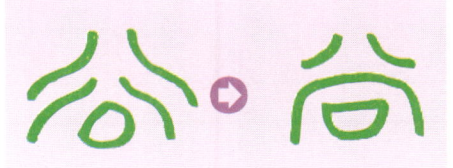

뜻	음	한자

뜻	음	한자

🙂 내기를 한 까닭은?

나는 장기 왕, 에헴.

한 판 두실까요?

무슨 내기를 할텐가?

제가 지면 타고 온 말을 드리지요.

내가 지면 鳥銃을 주겠네.

제가 졌으니 말을 두고 가겠습니다.

시원시원하군.

며칠 후

제가 이기면 말을 찾아가겠습니다.

좋지.

내가 졌네, 잘 두면서 그 땐 왜 졌지?

溪谷으로 말을 몰고 갈 수 없어 잠깐 맡긴 거지요.

이번 주에 배울 한자

角	馬	鹿	音
뿔 각	말 마	사슴 록	소리 음

금주평가	읽 기	쓰 기	이번 주는?
	Ⓐ 아주 잘함	Ⓐ 아주 잘함	· 학습방법 ① 매일매일 ② 가끔 ③ 한꺼번에 - 하였습니다.
	Ⓑ 잘함	Ⓑ 잘함	· 학습태도 ① 스스로 잘 ② 시켜서 억지로 - 하였습니다.
	Ⓒ 보통	Ⓒ 보통	· 학습흥미 ① 재미있게 ② 싫증내며 - 하였습니다.
	Ⓓ 부족함	Ⓓ 부족함	· 교재내용 ① 적합하다고 ② 어렵다고 ③ 쉽다고 - 하였습니다.

♣ 지도 교사가 부모님께

♣ 부모님이 지도 교사께

종합평가	Ⓐ 아주 잘함	Ⓑ 잘함	Ⓒ 보통	Ⓓ 부족함

원교   반 이름   전화

지난 주에 배운 한자를 큰 소리로 읽으면서 써 보세요.

새 조	새 조	새 조	새 조	새 조
鳥				

깃털 우	깃털 우	깃털 우	깃털 우	깃털 우
羽				

골짜기 곡	골짜기 곡	골짜기 곡	골짜기 곡	골짜기 곡
谷				

밥 식	밥 식	밥 식	밥 식	밥 식
食				

😊 이번 주에 배울 한자를 큰 소리로 읽으세요.

音
소리 음

馬
말 마

角
뿔 각

鹿
사슴 록

 뿔 각(角)에 대해 알아봅시다.

| 角
뿔 각 | 각이라고 읽습니다.
뿔이란 뜻입니다. |  |

● 빈 칸에 알맞은 글을 쓰세요.

角은 [ ] 이라고 읽고, [ ] 이라는 뜻입니다.

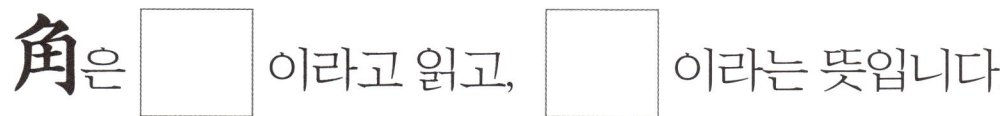

 角은 짐승의 뿔을 본뜬 한자입니다.

● 빈 칸에 알맞은 글을 쓰세요.

角은 짐승의 [ ] 을 본뜬 한자입니다.

필순에 따라 角을 바르게 쓰세요.

총 7획

角	角	角	角	角
角	角	角	角	角

● 뜻과 음을 소리내어 읽으면서 角을 쓰세요.

뿔각	뿔각	뿔각	뿔각	뿔각
角	角	角	角	角

● 빈 칸에 알맞은 한자와 뜻, 음을 쓰세요.

角		
한자	뜻	음

	뿔	각
한자	뜻	음

😊 글을 읽고, **角**이 나오는 낱말을 알아봅시다.

종수는 수학 과목에서 頭角(두각)을
나타내고 있습니다.
틈만 나면 계산을 하거나 角度(각도)를
재기도 합니다.
정순이 또한 수학에 재능이 있어서
늘 종수와 角逐(각축)을 벌입니다.

● 頭角(두각) : 여럿 중에서 특히 학문이나 재능이 뛰어남
● 角度(각도) : 각의 크기 ● 角逐(각축) : 서로 이기려고 다툼

😊 빈 칸에 알맞은 한자를 쓰세요.

두	각	각	도	각	축
頭	角	角	度	角	逐
頭			度		逐

😊 흐린 글자를 따라 쓰면서 角 을 익히세요.

角은 각 이라고 읽고, 뿔 이라는 뜻입니다.

角은 짐승의 뿔 모양을 본뜬 한자입니다.

角의 획수는 총 7 획입니다.

角이 들어 있는 角부수 의 한자는 뿔 과 관련있습니다.

😊 뜻과 음을 크게 읽으면서, 角을 쓰세요.

角	角	角	角	角	角
角	角	角	角	角	角

😊 角부수의 한자를 알아봅시다.

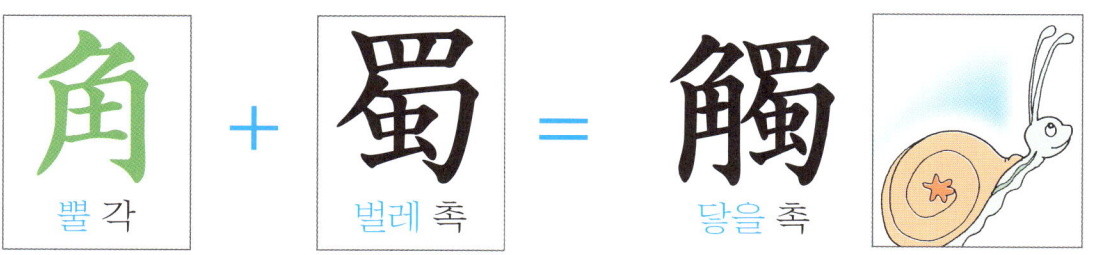

角 (뿔 각) + 蜀 (벌레 촉) = 觸 (닿을 촉)

벌레는 물건에 뿔(촉각)을 닿게 해서 그것이 무엇인지를 분간합니다.

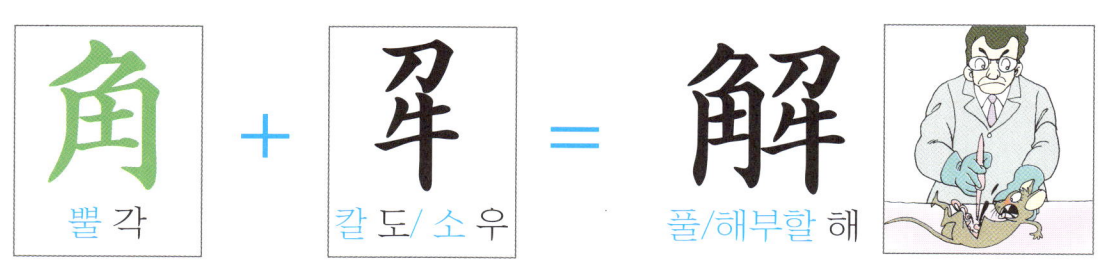

角 (뿔 각) + 꿔 (칼 도/소 우) = 解 (풀/해부할 해)

소를 해부할 때는 뿔 사이에 칼을 갖다댑니다.

😊 角부수의 한자를 찾아 ○표 하세요.

飼 (사육할 사)　解 (풀/해부할 해)　觸 (닿을 촉)　飮 (마실 음)

😊 말 마(馬)에 대해 알아봅시다.

| 馬
말 마 | 마라고 읽습니다.
말이라는 뜻입니다. |  |

● 빈 칸에 알맞은 글을 쓰세요.

馬는 [ ]라고 읽고, [ ]이라는 뜻입니다.

😊 馬는 달리는 말을 본뜬 한자입니다.

● 빈 칸에 알맞은 글을 쓰세요.

馬는 달리는 [ ]을 본뜬 한자입니다.

😊 필순에 따라 馬를 바르게 쓰세요.

총 10획

馬	馬	馬	馬	馬
馬	馬	馬	馬	馬

● 뜻과 음을 소리내어 읽으면서 馬를 쓰세요.

말 마	말 마	말 마	말 마	말 마
馬	馬	馬	馬	馬

● 빈 칸에 알맞은 한자와 뜻, 음을 쓰세요.

馬		
한자	뜻	음

	말	마
한자	뜻	음

😊 글을 읽고, 馬가 나오는 낱말을 알아봅시다.

오늘은 競馬(경마)를 보러 경마장에 갔습니다.
여러 駿馬(준마)들이 출발선에 섰습니다.
이윽고 출발 신호가 울리자
말들이 결승점을 향해 뛰어갔습니다.
내가 응원하던 말이 1등을 해서
매우 기뻤습니다. 경마 공원에서
馬車(마차)도 탔습니다.

● 競馬(경마):말 달리기 경주
● 駿馬(준마):잘 달리는 말　● 馬車(마차):말이 끄는 수레

😊 빈 칸에 알맞은 한자를 쓰세요.

경	마	준	마	마	차
競	馬	駿	馬	馬	車
競		駿			車

흐린 글자를 따라 쓰면서 馬를 익히세요.

馬는 마 라고 읽고, 말 이라는 뜻입니다.

馬는 말 모양을 본뜬 한자입니다.

馬의 획수는 총 10 획입니다.

馬가 들어 있는 馬부수 의 한자는 말 과 관련있습니다.

뜻과 음을 크게 읽으면서 馬를 쓰세요

馬	馬	馬	馬	馬
馬	馬	馬	馬	馬

 馬 부수의 한자를 알아봅시다.

馬 말 마 + 主 주인 주 = 駐 멈출 주

말 주인이 말의 걸음을 멈추게 합니다.

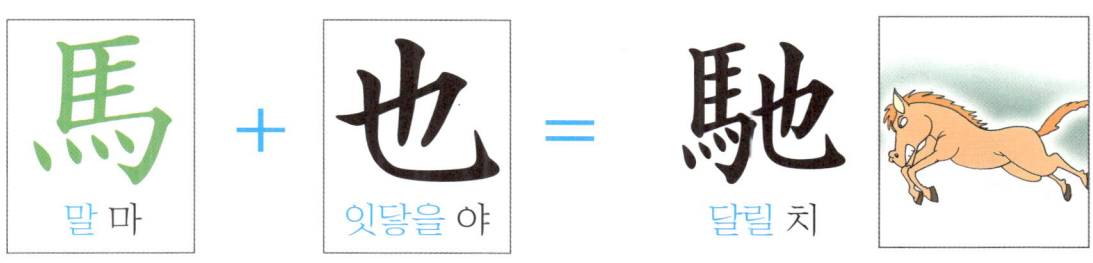

馬 말 마 + 也 잇닿을 야 = 馳 달릴 치

말이 어미 말에게 잇닿을 만큼 빨리 달려갑니다.

 馬 부수의 한자를 찾아 ○표 하세요.

解 해부할 해   觸 닿을 촉   馳 달릴 치   駐 멈출 주

😊 사슴 록(鹿)에 대해 알아봅시다.

 鹿
사 슴 록

록 또는 녹이라고 읽습니다.
사슴이라는 뜻입니다.

● 빈 칸에 알맞은 글을 쓰세요.

鹿은 ☐ 또는 ☐ 이라고 읽고,

☐☐ 이라는 뜻입니다.

😊 鹿은 사슴을 본뜬 한자입니다.

● 빈 칸에 알맞은 글을 쓰세요.

鹿은 ☐☐ 을 본뜬 한자입니다.

 필순에 따라 鹿을 바르게 쓰세요.

총 11획

鹿	鹿	鹿	鹿	鹿
鹿	鹿	鹿	鹿	鹿

●뜻과 음을 소리내어 읽으면서 鹿을 쓰세요.

사슴 록	사슴 록	사슴 록	사슴 록	사슴 록
鹿	鹿	鹿	鹿	鹿

●빈 칸에 알맞은 한자와 뜻, 음을 쓰세요.

鹿			사슴	록
한자	뜻	음	한자 뜻	음

😊 글을 읽고, **鹿**이 나오는 낱말을 알아봅시다.

산에 사는 사슴을 山鹿(산록)이라고 합니다.
사슴은 예쁘기도 하지만,
사람에게 많은 것을 주는 동물입니다.
뿔은 鹿茸(녹용)이라 하여
한약 재료로 씁니다.
鹿皮(녹비)는 고급 옷의
재료로 쓰입니다.

● 山鹿(산록):산에 사는 사슴 ● 鹿茸(녹용):사슴 뿔
● 鹿皮(녹비):사슴 가죽. 皮를 '피'로 읽지 않고 '비'로 읽어야 한다

😊 빈 칸에 알맞은 한자를 쓰세요.

산	록	녹	용	녹	비
山	鹿	鹿	茸	鹿	皮
山			茸		皮

😀 흐린 글자를 따라 쓰면서 鹿을 익히세요.

鹿은 록 또는 녹 이라고 읽고, 사슴 이라는 뜻입니다.

鹿은 사슴 모양을 본뜬 한자입니다.

鹿의 획수는 총 11 획입니다.

鹿이 들어 있는 鹿부수 의 한자는 사슴 과 관련있습니다.

😀 뜻과 음을 크게 읽으면서, 鹿을 쓰세요.

鹿					

🙂 鹿부수의 한자를 알아봅시다.

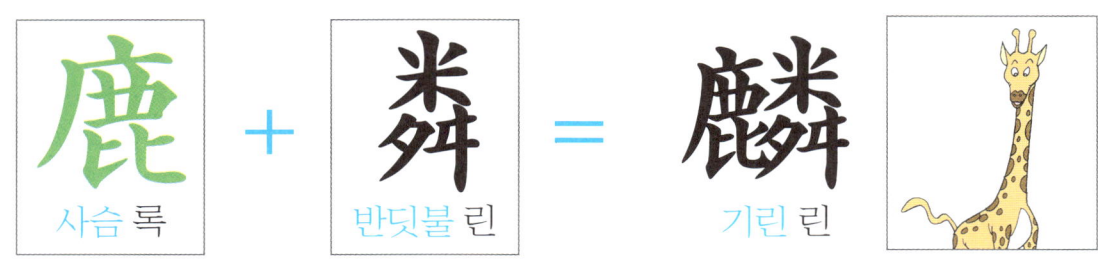

기린은 사슴과에서 가장 빛나는 짐승입니다.

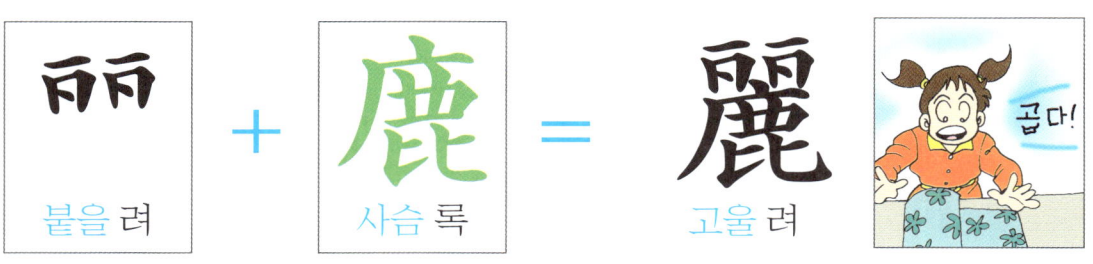

사슴 두 마리가 붙어서 걸어가는 모습은 아름답습니다.

🙂 鹿부수의 한자를 찾아 ○표 하세요.

麗 解 馳 麟
고울 려　　해부할 해　　달릴 치　　기린 린

😊 소리 음(音)에 대해 알아봅시다.

 音
소 리 음

음이라고 읽습니다.
소리라는 뜻입니다.

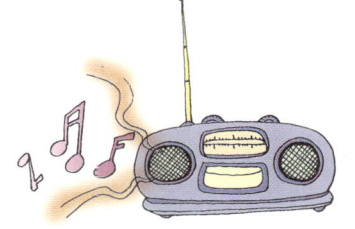

●빈 칸에 알맞은 글을 쓰세요.

音은 [   ] 이라고 읽고, [   ][   ] 라는 뜻입니다.

😊 音은 노래하는 모습을 본뜬 한자입니다.

 ▶  ▶

●빈 칸에 알맞은 글을 쓰세요.

音은 [   ][   ] 하는 모습을 본뜬 한자입니다.

😊 필순에 따라 音을 바르게 쓰세요.

音	音	音	音
音	音	音	音

● 뜻과 음을 소리내어 읽으면서 音을 쓰세요.

소리 음	소리 음	소리 음	소리 음	소리 음
音				

● 빈 칸에 알맞은 한자와 뜻, 음을 쓰세요.

音		
한자	뜻	음

	소리	음
한자	뜻	음

😊 글을 읽고, 音이 나오는 낱말을 알아 봅시다

나는 音樂(음악)을 매우 좋아합니다.
그래서 학교에서 돌아오면 언제나 피아노를 칩니다.
그러나 아래층 사람에게는
음악이 騷音(소음)으로 들리나 봅니다.
내가 피아노 치는 소리를 싫어하니까요.
防音(방음) 장치를 해야 할까 봐요.

●音樂(음악):음을 소재로 하여 그 높이나 장단, 강약 등의 특성을 살린 예술
●騷音(소음):시끄러운 소리
●防音(방음):소리를 막음

😊 빈 칸에 알맞은 한자를 쓰세요.

음	악	소	음	방	음
音	樂	騷	音	防	音
	樂	騷		防	

흐린 글자를 따라 쓰면서 音을 익히세요.

音은 음 이라고 읽고, 소리 라는 뜻입니다.

音은 입을 벌려 노래 하는 모양을 본뜬 한자입니다.

音의 획수는 총 9 획입니다.

音이 들어 있는 音부수 의 한자는 소리 와 관련있습니다.

뜻과 음을 크게 읽으면서, 音을 쓰세요.

音	音	音	音	音	音
音	音	音	音	音	音

 音부수의 한자를 알아봅시다.

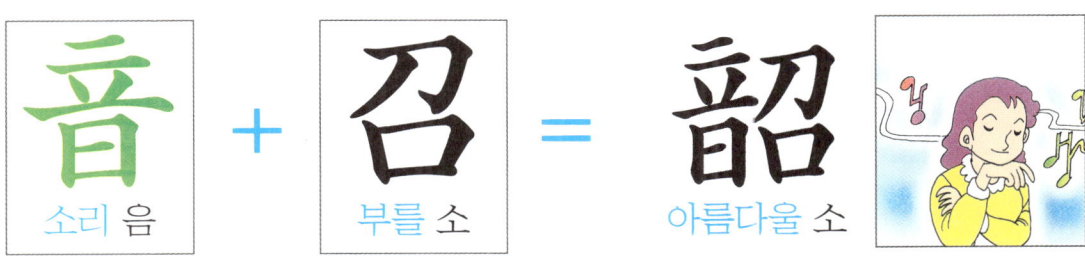

音 소리 음 + 召 부를 소 = 韶 아름다울 소

노래를 부르는 소리는 아름답습니다.

鄕 시골 향 + 音 소리 음 = 響 울릴 향

시골 산속에서 소리를 지르면 산울림이 대답합니다.

 音부수의 한자를 찾아 ○표 하세요.

麗   響   韶   麟

고울 려   울릴 향   아름다울 소   기린 린

😊 뜻과 음을 읽으면서, 이번 주에 배운 한자를 쓰세요.

뿔각	뿔각	뿔각	뿔각	뿔각
角				

말마	말마	말마	말마	말마
馬				

사슴록	사슴록	사슴록	사슴록	사슴록
鹿				

소리음	소리음	소리음	소리음	소리음
音				

 그림과 관계 있는 한자를 선으로 이어 보세요.

 · ·  角

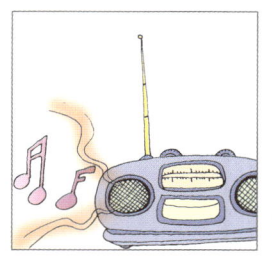 · ·  馬

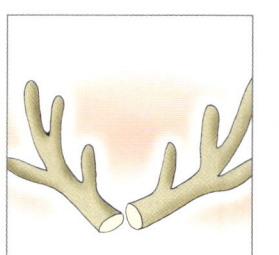 · ·  鹿

 · ·  音

😊 부수가 같은 한자끼리 선을 이으세요.

角
뿔 각

달릴 치

馬
말 마

기린 린

鹿
사슴 록

울릴 향

音
소리 음

해부할 해

빈 칸에 알맞은 한자를 쓰세요

두	각
頭	

경	마
競	

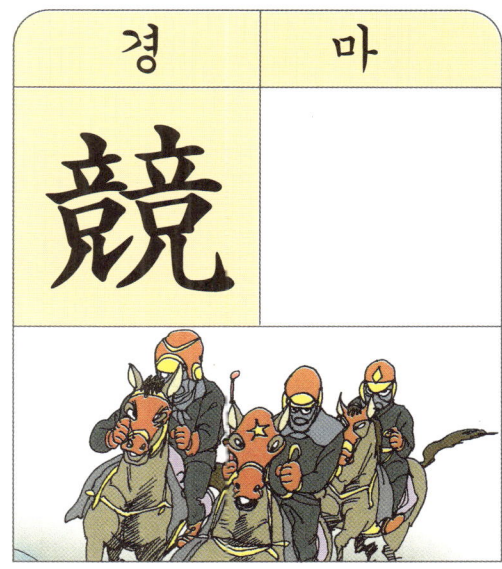

녹	용
	茸

음	악
	樂

😊 동화를 읽고, 빈 칸에 알맞은 한자를 쓰세요.

뿔을 자랑하다가

말과 馴鹿(순록)은 숲속나라에서 빨리 달리기로 角逐(각축)을
벌이는 사이였습니다. 그러나 늘 말이 馴鹿보다 빨랐습니다.
이것을 배 아파하던 馴鹿이 馬車(마차)를
끌고 가던 말에게 약을 올렸습니다.
"내 뿔이 멋있지 않니? 참 넌 뿔도 없지."
말은 아무런 대꾸도 하지 않고 묵묵히 길을 걸었습니다.
그 때였습니다. 숲속에서 이상한 騷音(소음)이 들리더니,
호랑이 한 마리가 나타났습니다.
"어흥!"
馴鹿과 말은 깜짝 놀라서 도망을 치기 시작했습니다.
말은 馬車를 버리고 달아났지만,
馴鹿은 뿔이 나뭇가지에 걸려서 호랑이에게
잡혀 먹히고 말았습니다. 자랑하던 뿔 때문에
목숨을 잃고 만 것입니다.

뿔 각	말 마	사슴 록	소리 음

왼쪽 그림이 변해서 무슨 한자가 되었을까요?
빈 칸에 알맞은 뜻과 음, 한자를 쓰세요.

뜻	음	한자

뜻	음	한자

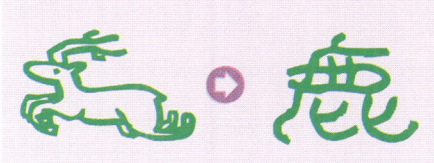

뜻	음	한자

뜻	음	한자

서로 알맞은 것끼리 선을 이으세요.

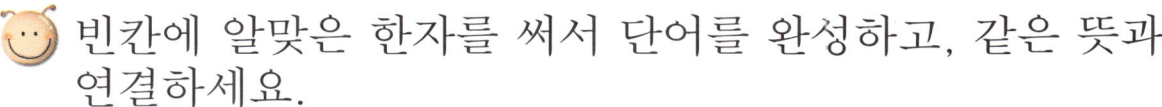

😊 빈칸에 알맞은 한자를 써서 단어를 완성하고, 같은 뜻과 연결하세요.

각	축
	逐

● ● 사슴 뿔

마	차
	車

● ● 소리를 막음

녹	용
	茸

● ● 말이 끄는 수레

방	음
防	

● ● 서로 이기려고 다툼

😊 노인에게 인사하기

공원에서 산책이나 할까? 音樂도 들으면서….

요즘 건강이 좀 어떠세요?

이제 괜찮아요, 그런데 누구신지?

많이 나으셨나 봐요, 鹿茸이 노인에게 좋대요,

고맙수, 그런데 누구시더라?

잘 아는 분들이야?

아니, 처음 보는 노인들이야,

그런데 아프다는 걸 어떻게?

나이가 들면 누구나 병 하나쯤 갖고 있거든,

많이 나은 것 같다는 건?

나았으니까 산책하러 나온 것 아니겠어?

이번 주에 배울 한자

風	里	片	鬼
바람 풍	마을 리	조각 편	귀신 귀

금주평가	읽 기	쓰 기	이번 주는?
	Ⓐ 아주 잘함	Ⓐ 아주 잘함	· 학습방법 ① 매일매일 ② 가끔 ③ 한꺼번에 　- 하였습니다.
	Ⓑ 잘함	Ⓑ 잘함	· 학습태도 ① 스스로 잘 ② 시켜서 억지로 　- 하였습니다.
	Ⓒ 보통	Ⓒ 보통	· 학습흥미 ① 재미있게 ② 싫증내며 　- 하였습니다.
	Ⓓ 부족함	Ⓓ 부족함	· 교재내용 ① 적합하다고 ② 어렵다고 ③ 쉽다고 　- 하였습니다.

♣ 지도 교사가 부모님께	♣ 부모님이 지도 교사께

종합평가	Ⓐ 아주 잘함	Ⓑ 잘함	Ⓒ 보통	Ⓓ 부족함

원교　　　반　이름　　　전화

기초 탄탄한 교육 · 기초 탄탄한 학습
G기탄교육
www.gitan.co.kr / (02)586-1007(대)

지난 주에 배운 한자를 큰 소리로 읽으면서 써 보세요.

뿔 각	뿔 각	뿔 각	뿔 각	뿔 각
角	角	角	角	角

말 마	말 마	말 마	말 마	말 마
馬	馬	馬	馬	馬

사슴 록	사슴 록	사슴 록	사슴 록	사슴 록
鹿	鹿	鹿	鹿	鹿

소리 음	소리 음	소리 음	소리 음	소리 음
音	音	音	音	音

😊 이번 주에 배울 한자를 큰 소리로 읽으세요.

風
바람 풍

里
마을 리

鬼
귀신 귀

片
조각 편

😊 바람 풍(風)에 대해 알아봅시다.

風 바람 풍	풍이라고 읽습니다. 바람이라는 뜻입니다.	

● 빈 칸에 알맞은 글을 쓰세요.

風은 ☐ 이라고 읽고, ☐ ☐ 이라는 뜻입니다.

😊 風은 봄바람에 벌레가 나오는 것을 본뜬 한자입니다.

● 빈 칸에 알맞은 글을 쓰세요.

風은 봄 ☐ ☐ 에 나오는 벌레를 본뜬 한자입니다.

 필순에 따라 風을 바르게 쓰세요.

총 9획

風	風	風	風	風
風	風	風	風	風

●뜻과 음을 소리내어 읽으면서 風을 쓰세요.

바람 풍	바람 풍	바람 풍	바람 풍	바람 풍
風				

●빈 칸에 알맞은 한자와 뜻, 음을 쓰세요.

風		
한자	뜻	음

	바람	풍
한자	뜻	음

😊 글을 읽고, 風이 나오는 낱말을 알아봅시다.

東風(동풍)은 샛바람이고요
西風(서풍)은 하늬바람.

南風(남풍)은 마파람이고요
北風(북풍)은 된바람.

예쁜 우리 말로 만들어졌어요.

● 東,西,南,北風(동서남북풍) : 동, 서, 남, 북으로부터 각각 불어오는 바람

😊 빈 칸에 알맞은 한자를 쓰세요.

동	풍	서	풍	남	풍
東	風	西	風	南	風
東		西		南	

😊 흐린 글자를 따라 쓰면서 風을 익히세요.

風은 풍 이라고 읽고, 바람 이라는 뜻입니다.

風은 봄바람에 벌레가 땅에서 나오는 모습을

본뜬 한자입니다.

風의 획수는 총 9 획입니다.

風이 들어 있는 風부수 의 한자는 바람 과 관련있습니다.

😊 뜻과 음을 크게 읽으면서, 風을 쓰세요.

風	風	風	風	風
風	風	風	風	風

風부수의 한자를 알아봅시다.

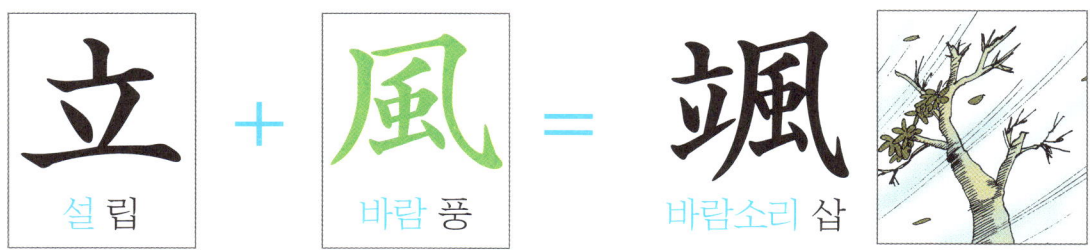

立 (설 립) + 風 (바람 풍) = 颯 (바람소리 삽)

바람이 불면 서 있는 나뭇가지가 소리를 냅니다.

風 (바람 풍) + 台 (별 태) = 颱 (거센바람 태)

하늘의 별이 흔들릴 만큼 세찬 바람이 붑니다.

風부수의 한자를 찾아 ○표 하세요.

響	韶	颱	颯
울릴 향	아름다울 소	거센 바람 태	바람 소리 삽

😊 마을 리(里)에 대해 알아봅시다.

里
마을 리

리 또는 이라고 읽습니다.
마을이라는 뜻입니다.

●빈 칸에 알맞은 글을 쓰세요.

里는 [ ] 또는 [ ] 라고 읽고,

[ ][ ] 이라는 뜻입니다.

😊 里는 밭 전(田)과 흙 토(土)를 합친 한자입니다.

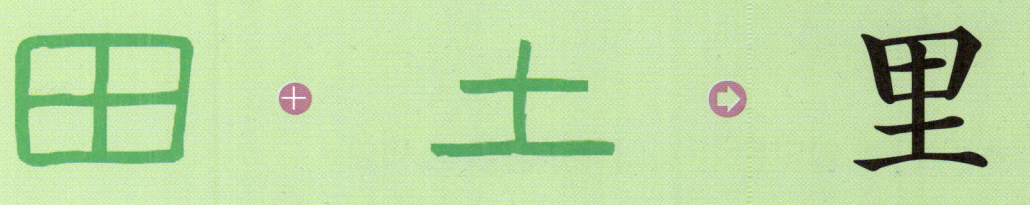

田 ✚ 土 ➡ 里

●빈 칸에 알맞은 한자를 쓰세요.

里는 [ ] 과 [ ] 를 합친 한자입니다.

😊 필순에 따라 里를 바르게 쓰세요.

총 7획

里	里	里	里
里	里	里	里

● 뜻과 음을 소리내어 읽으면서 里를 쓰세요.

마을 리	마을 리	마을 리	마을 리	마을 리
里	里	里	里	里

● 빈 칸에 알맞은 한자와 뜻, 음을 쓰세요.

里		
한자	뜻	음

	마을	리
한자	뜻	음

😊 글을 읽고 , **里**가 나오는 낱말을 알아봅시다.

큰아버지께서는 내가 자란 鄕里(향리)에서
마을 里長(이장) 일을 맡고 계십니다.
그리고 마을에 무슨 일이 있을 때면
마이크를 앞에 두고 洞里(동리)가 떠나가도록 외치십니다.
"알립니다! 오늘 우리 마을에 이동 도서관이
들어와 있으니 많이 이용해 주시기 바랍니다!"

● 鄕里(향리):태어나서 자란 곳 ● 洞里(동리):마을을 나누는 구역인 동과 리
● 里長(이장):마을의 사무를 맡아 보는 사람

😊 빈 칸에 알맞은 한자를 쓰세요.

향	리	이	장	동	리
鄕	里	里	長	洞	里
鄕			長	洞	

흐린 글자를 따라 쓰면서 **里**를 익히세요.

里는 리 또는 이 라고 읽고, 마을 이라는 뜻입니다.

里는 밭 전(田)과 흙 토(土)가 합쳐진 한자입니다.

里의 획수는 총 7 획입니다.

里가 들어 있는 里 부수 의 한자는 마을 과 관련있습니다.

뜻과 음을 크게 읽으면서 里를 쓰세요.

里					

 里부수의 한자를 알아봅시다.

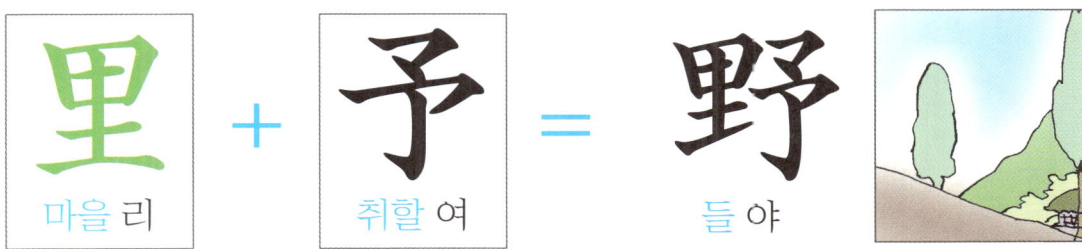

里 + 予 = 野

마을 리   취할 여   들 야

마을 사람들이 들에서 곡식을 취합니다.

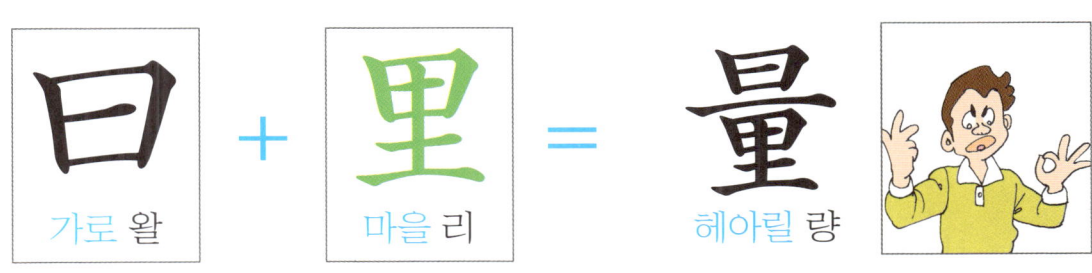

曰 + 里 = 量

가로 왈   마을 리   헤아릴 량

하루에 갈 수 있는 거리를 말로 헤아립니다.

 里부수의 한자를 찾아 ○표 하세요.

헤아릴 량   거센 바람 태   들 야   바람 소리 삽

😊 조각 편(片)에 대해 알아봅시다.

片 조각 편	편이라고 읽습니다. 조각이라는 뜻입니다. 

●빈 칸에 알맞은 글을 쓰세요.

片은 ☐ 이라고 읽고, ☐☐ 이라는 뜻입니다.

😊 片은 쪼갠 나무를 본뜬 한자입니다.

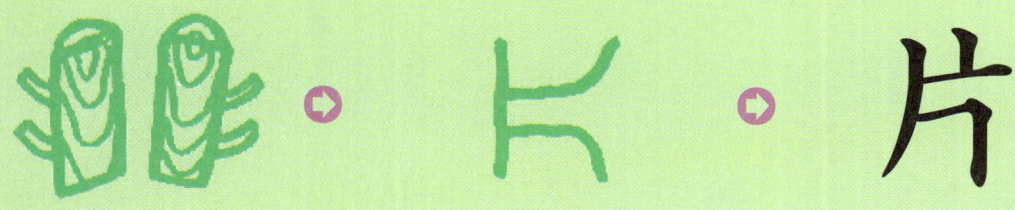

●빈 칸에 알맞은 글을 쓰세요.

片은 쪼갠 ☐☐ 를 본뜬 한자입니다.

 필순에 따라 片을 바르게 쓰세요.

총 4획

片	片	片	片	片

●뜻과 음을 소리내어 읽으면서 片을 쓰세요.

조각 편	조각 편	조각 편	조각 편	조각 편
片	片	片	片	片

조각 편	조각 편	조각 편	조각 편	조각 편
片	片	片	片	片

●빈 칸에 알맞은 한자와 뜻, 음을 쓰세요.

片		
한자	뜻	음

	조각	편
한자	뜻	음

😊 글을 읽고, 片이 나오는 낱말을 알아봅시다.

이 몸이 죽고 죽어 일백번 고쳐 죽어
백골이 진토되어 넋이라도 있고 없고
임 향한 一片丹心(일편단심)이야 가실 줄이 있으랴.

정몽주 선생의 시입니다. 선생이 죽은 곳인
개성 선죽교는 서울에서 片道(편도)로
80미터 정도 밖에 되지 않는 거리에 있습니다.

● 一片丹心(일편단심) : 한 조각의 붉게 타는 마음이란 말로, 변치 않는 마음이라는 뜻임
● 片道(편도) : 오고 가는 길 중에서 한쪽 길.

😊 빈 칸에 알맞은 한자를 쓰세요.

일	편	단	심	편	도
一	片	丹	心	片	道
一		丹	心		道

😊 흐린 글자를 따라 쓰면서 片을 익히세요.

片은 편 이라고 읽고, 조각 이라는 뜻입니다.

片은 쪼갠 나무 조각 을 본뜬 한자입니다.

片의 획수는 총 4 획입니다.

片이 들어 있는 片부수 의 한자는 조각 과 관련있습니다.

😊 뜻과 음을 크게 읽으면서, 片을 쓰세요.

片	片	片	片	片	片
	片	片	片	片	片

片부수의 한자를 알아봅시다.

片 + 反 = 版

조각 편   돌이킬 반   인쇄 판

활자를 반대로 돌이켜 엎어서 인쇄를 합니다.

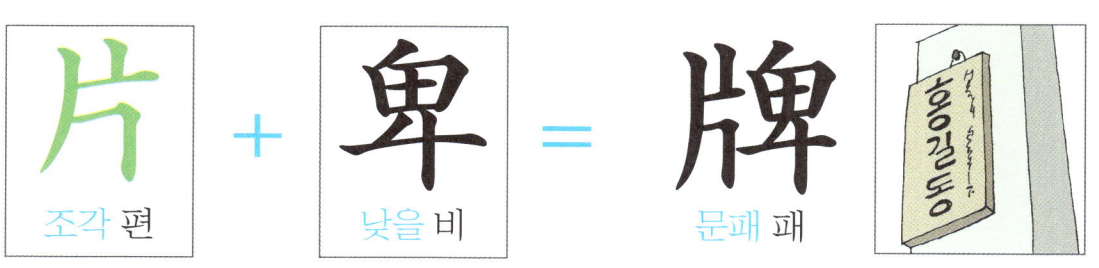

片 + 卑 = 牌

조각 편   낮을 비   문패 패

큰 나무를 작게 조각내고 깎아 문패를 만듭니다.

片 부수의 한자를 찾아 ○표 하세요.

版   牌   量   野

인쇄 판   문패 패   헤아릴 량   들 야

 귀신 귀(鬼)에 대해 알아봅시다.

鬼
귀신 귀

귀 라고 읽습니다.
귀신이라는 뜻입니다.

●빈 칸에 알맞은 글을 쓰세요.

鬼는 [   ]라고 읽고, [   ][   ]이라는 뜻입니다.

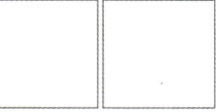 鬼는 귀신 모양을 본뜬 한자입니다.

 ▷ 鬼 ▷

●빈 칸에 알맞은 글을 쓰세요.

鬼는 [   ][   ] 모양을 본뜬 한자입니다.

😊 필순에 따라 鬼를 바르게 쓰세요.

鬼	鬼	鬼	鬼	鬼
鬼	鬼	鬼	鬼	鬼

● 뜻과 음을 소리내어 읽으면서 鬼를 쓰세요.

귀신 귀	귀신 귀	귀신 귀	귀신 귀	귀신 귀
鬼				

● 빈 칸에 알맞은 한자와 뜻, 음을 쓰세요.

鬼		
한자	뜻	음

	귀신	귀
한자	뜻	음

😊 글을 읽고, **鬼**가 나오는 낱말을 알아봅시다.

鬼神(귀신)은 정말 있을까요?
선생님께선 귀신이 없다고 하지만,
삼식이는 시골에서 鬼哭(귀곡)을
분명히 들었다고 우겼습니다.
나는 삼식이 말을 믿을 수가 없어서
"넌 거짓말의 鬼才(귀재)야."
라고 말해 주었습니다.

● 鬼神(귀신):죽은 사람의 혼령 ● 鬼哭(귀곡):귀신의 울음 소리
● 鬼才(귀재):귀신 같은 재주를 가진 사람

😊 빈 칸에 알맞은 한자를 쓰세요.

귀	신		귀	곡		귀	재
鬼	神		鬼	哭		鬼	才
	神			哭			才

😊 흐린 글자를 따라 쓰면서 鬼를 익히세요.

鬼는 귀 라고 읽고, 귀신 이라는 뜻입니다.

鬼는 귀신 을 본뜬 한자입니다.

鬼의 획수는 총 10 획입니다.

鬼가 들어 있는 鬼부수 의 한자는 귀신 과 관련있습니다.

😊 뜻과 음을 크게 읽으면서, 鬼를 쓰세요.

鬼	鬼	鬼	鬼	鬼	鬼
鬼	鬼	鬼	鬼	鬼	鬼

 鬼부수의 한자를 알아봅시다.

麻 + 鬼 = 魔

삼 마 · 귀신 귀 · 마귀 마

마귀는 삼 밭에 자주 나타납니다.

云 + 鬼 = 魂

이를 운 · 귀신 귀 · 넋 혼

죽은 사람의 혼령에게 넋을 빕니다.

 鬼부수의 한자를 찾아 ○표 하세요.

魂 版 牌 魔

넋 혼 인쇄 판 문패 패 마귀 마

😊 뜻과 음을 읽으면서, 이번 주에 배운 한자를 쓰세요.

바람 풍	바람 풍	바람 풍	바람 풍	바람 풍
風				

마을 리	마을 리	마을 리	마을 리	마을 리
里				

조각 편	조각 편	조각 편	조각 편	조각 편
片				

귀신 귀	귀신 귀	귀신 귀	귀신 귀	귀신 귀
鬼				

😊 그림과 관계 있는 한자를 선으로 이어 보세요.

 •

•

 •

•

 •

•

 •

•

😊 부수가 같은 한자끼리 선을 이으세요.

風
바람 풍

里
마을 리

片
조각 편

鬼
귀신 귀

牌
문패 패

颱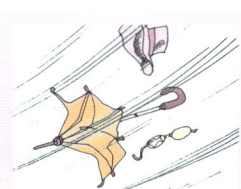
세찬 바람 태

魔
마귀 마

量
헤아릴 량

빈 칸에 알맞은 한자를 쓰세요.

동	풍
東	

동	리
洞	

편	주
	舟

귀	신
	神

B103b

😊 동화를 읽고, 빈 칸에 알맞은 한자를 쓰세요.

귀신은 마음 속에

겨울 방학 때였습니다. 이웃 洞里(동리)에
鬼神(귀신)이 나타난다는 소문이 아이들 사이에 퍼졌습니다.
캄캄한 밤에 北風(북풍)이 불면, 하얀 소복을 입은
鬼神이 소름끼치는 웃음 소리를 내면서 지나가는
사람을 홀린다는 것이었습니다.
우리는 선생님께 찾아가서 이 사실을 말했습니다.
"鬼神이 어디 있다고 그래? 너희들 마음 속에 있을
뿐이야. 너희들이 鬼神이 있다는 것을 一片丹心(일편단심)으로
믿는 모양인데, 잘못된 생각이란 걸 증명해 주지."
그 날 밤, 비로소 우리의 생각이 잘못되었다는 것을 알았습니다.
하얀 옷을 입은 귀신이라고 알았던 것은 다름 아닌
철조망에 걸린 흰 천이었습니다.
그리고 웃음 소리는 바로 흰 천이 바람에 날리는 소리였습니다.

바람 풍	마을 리	조각 편	귀신 귀

빈 칸에 알맞은 한자를 써서 단어를 완성하고, 같은 뜻과 연결하세요.

동	풍
東	

● ● 귀신 같은 재주를 가진 사람

이	장
	長

● ● 동쪽에서 부는 바람

편	도
	道

● ● 마을의 사무를 맡아보는 사람

귀	재
	才

● ● 오고 가는 길 중에서 한쪽 길

서로 알맞은 것끼리 선을 이으세요.

風　　里　　片　　鬼

조각　마을　귀신　바람

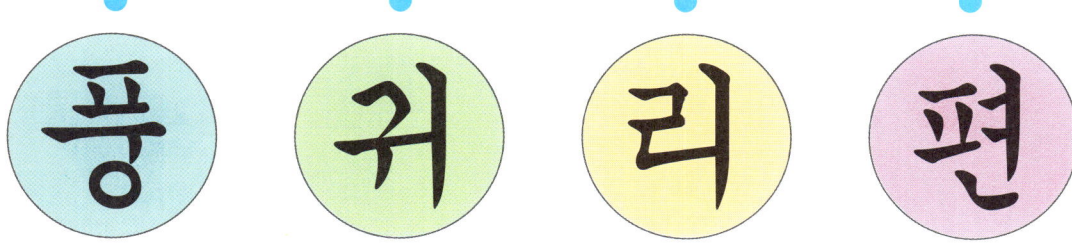
풍　귀　리　편

왼쪽 그림이 변해서 무슨 한자가 되었을까요?
빈 칸에 알맞은 뜻과 음, 한자를 쓰세요.

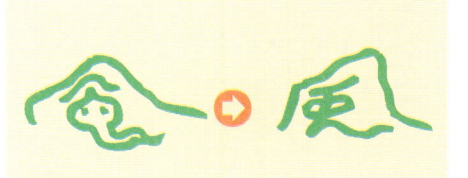

뜻	음	한자

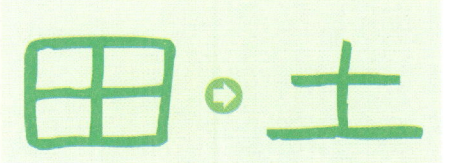

뜻	음	한자

뜻	음	한자

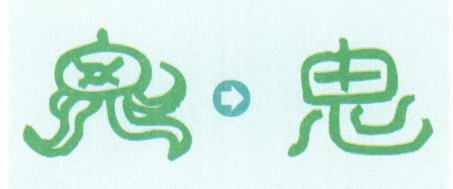

뜻	음	한자

😊 자기가 죽는 방법

이 魔鬼(마귀) 같은 놈!

죽을 죄를 지었습니다.

용서할 수 없다, 넌 사형이야!

제발 살려 주십시오.

단 風車를 만드느라고 수고한 댓가로 네가 원하는 방법으로 사형시키겠다.

정말이십니까?

하늘에 두고 맹세하겠다.

정말이죠?

그렇다니까

그렇다면, 늙어서 저절로 죽는 방법을 택하겠습니다.

꼬응 당했다

이번 주에 배울 한자

魚	老	邑	革
고기 어	늙을 로	고을 읍	가죽 혁

금주평가	읽 기	쓰 기	이번 주는?
	Ⓐ 아주 잘함	Ⓐ 아주 잘함	• 학습방법 ❶ 매일매일 ❷ 가끔 ❸ 한꺼번에 - 하였습니다.
	Ⓑ 잘함	Ⓑ 잘함	• 학습태도 ❶ 스스로 잘 ❷ 시켜서 억지로 - 하였습니다.
	Ⓒ 보통	Ⓒ 보통	• 학습흥미 ❶ 재미있게 ❷ 싫증내며 - 하였습니다.
	Ⓓ 부족함	Ⓓ 부족함	• 교재내용 ❶ 적합하다고 ❷ 어렵다고 ❸ 쉽다고 - 하였습니다.

♣ 지도 교사가 부모님께	♣ 부모님이 지도 교사께

종합평가	Ⓐ 아주 잘함	Ⓑ 잘함	Ⓒ 보통	Ⓓ 부족함

원교	반 이름	전화

기초 탄탄한 교육 · 기초 탄탄한 학습
G 기탄교육
www.gitan.co.kr / (02)586-1007(대)

😊 지난 주에 배운 한자를 큰 소리로 읽으면서 써 보세요.

바람 풍 風	바람 풍 風	바람 풍 風	바람 풍 風	바람 풍 風

마을 리 里	마을 리 里	마을 리 里	마을 리 里	마을 리 里

조각 편 片	조각 편 片	조각 편 片	조각 편 片	조각 편 片

귀신 귀 鬼	귀신 귀 鬼	귀신 귀 鬼	귀신 귀 鬼	귀신 귀 鬼

이번 주에 배울 한자를 큰 소리로 읽으세요.

老 늙을 로

邑 고을 읍

魚 고기 어

革 가죽 혁

 고기 어(魚)에 대해 알아봅시다.

魚 고기 어	어라고 읽습니다. 물고기라는 뜻입니다. 

●빈 칸에 알맞은 글을 쓰세요.

魚는 [　] 라고 읽고, [　][　][　] 라는 뜻입니다.

 魚는 물고기를 본뜬 한자입니다.

●빈 칸에 알맞은 글을 쓰세요.

魚는 [　][　][　] 를 본뜬 한자입니다.

 필순에 따라 魚를 바르게 쓰세요.

총 11획

魚	魚	魚	魚	魚
魚	魚	魚	魚	魚

● 뜻과 음을 소리내어 읽으면서 魚를 쓰세요.

고기 어	고기 어	고기 어	고기 어	고기 어
魚	魚	魚	魚	魚

● 빈 칸에 알맞은 한자와 뜻, 음을 쓰세요.

魚				고기	어
한자	뜻	음	한자	뜻	음

글을 읽고, 魚가 나오는 낱말을 알아봅시다.

바닷가에 한 어부가 살았어요.
어느 날 어부는 文魚(문어)를 잡아서
다리를 다 떼어 버리고 집으로 돌아왔어요.
"아니? 다리는 어떻게 했어요?"
아내가 묻자, 어부는 이렇게 대답했대요.
"魚頭一味(어두일미)란 말도 몰라요?"

● 魚頭一味(어두일미) : 물고기는 머리 부분이 가장 맛이 있다는 뜻
● 文魚(문어) : 연체동물 두족류 낙짓과의 한 종

빈 칸에 알맞은 한자를 쓰세요.

문	어	어	두	일	미
文	魚	魚	頭	一	味
文			頭	一	味

😊 흐린 글자를 따라 쓰면서 魚를 익히세요.

魚는 어 라고 읽고, 물고기 라는 뜻입니다.

魚는 물고기 모양을 본뜬 한자입니다.

魚의 획수는 총 11 획입니다.

魚가 들어 있는 魚부수 의 한자는 물고기 와 관련있습니다.

😊 뜻과 음을 크게 읽으면서, 魚를 쓰세요.

魚	魚	魚	魚	魚	魚
魚	魚	魚	魚	魚	魚

魚 부수의 한자를 알아봅시다.

魚
고기 어
+
日
날 일
=
魯
어리석을 로
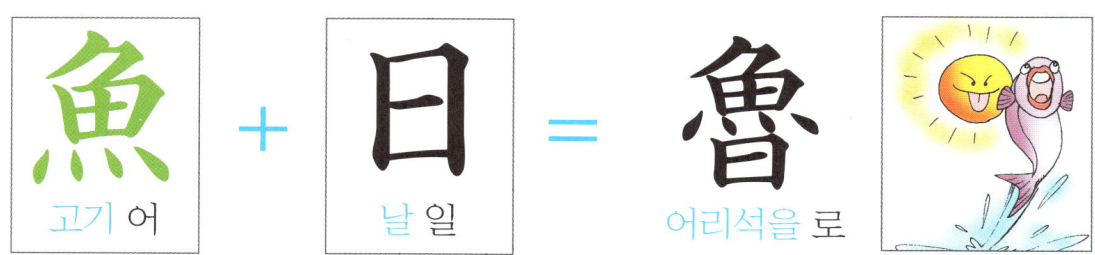

물고기가 햇볕을 쬐러 나오는 것은 어리석은 일입니다.

魚
고기 어
+
羊
양 양
=
鮮
고울 선
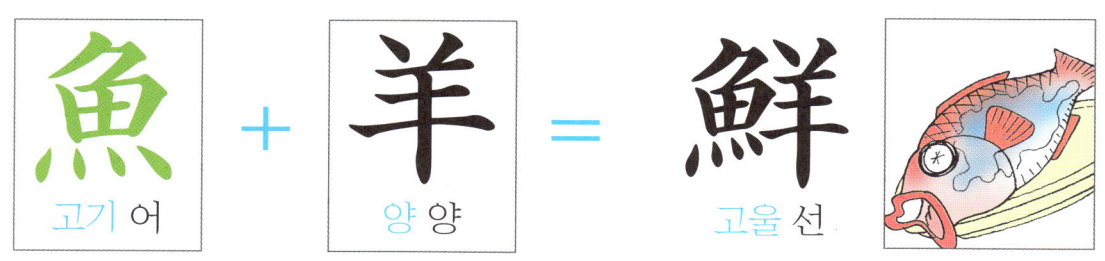

물고기와 양고기는 신선해야 빛깔도 곱다는 뜻입니다.

魚 부수의 한자를 찾아 ○표 하세요.

魔　　鮮　　魯　　量

마귀 마　　고울 선　　어리석을 로　　헤아릴 량

 늙을 로(老)에 대해 알아봅시다.

老
늙을 로

로 또는 노라고 읽습니다.
늙었다는 뜻입니다.

● 빈 칸에 알맞은 글을 쓰세요.

老는 [   ] 라고 읽고, [   ][   ][   ] 는 뜻입니다.

 老는 노인의 모습을 본뜬 한자입니다.

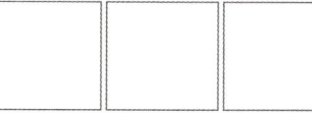

● 빈 칸에 알맞은 글을 쓰세요.

老는  [   ][   ] 의 모습을 본뜬 한자입니다.

😊 필순에 따라 老를 바르게 쓰세요.

총 6획

老	老	老	老	老
老	老	老	老	老

● 뜻과 음을 소리내어 읽으면서 老 를 쓰세요.

늙을 로	늙을 로	늙을 로	늙을 로	늙을 로
老	老	老	老	老

● 빈 칸에 알맞은 한자와 뜻, 음을 쓰세요.

老				늙을	로
한자	뜻	음	한자	뜻	음

글을 읽고, 老가 나오는 낱말을 알아봅시다.

거리에서 老人(노인)들이 헤메고 있는
것을 보면 정말 안타깝습니다.
敬老(경로) 사상이 점점 사라지고 있는 것이 마음 아픕니다.
노인을 무시하는 사람들도 언젠가는
老衰(노쇠)하여 노인이 될 것입니다.
우리 모두 노인들을 공경합시다.

● 老人(노인):늙은 사람 ● 敬老(경로):노인을 높게 받듦
● 老衰(노쇠):늙어서 힘이 없어짐

빈 칸에 알맞은 한자를 쓰세요.

노	인	경	로	노	쇠
老	人	敬	老	老	衰
	人	敬			衰

😊 흐린 글자를 따라 쓰면서 老를 익히세요.

老는 로 또는 노 라고 읽고, 늙었다 라는 뜻입니다.

老는 지팡이를 짚고 걸어가는 노인 을 본뜬 한자입니다.

老의 획수는 총 6 획입니다.

老는 부수로 사용될 때 耂 로 모양이 변하며 늙을로엄 이라고 읽습니다.

老가 들어 있는 耂 부수 의 한자는 노인 또는 늙음 과 관련있습니다.

😊 뜻과 음을 크게 읽으면서 老를 쓰세요

老	老	老	老	老
老	老	老	老	老

 老부수의 한자를 알아봅시다.

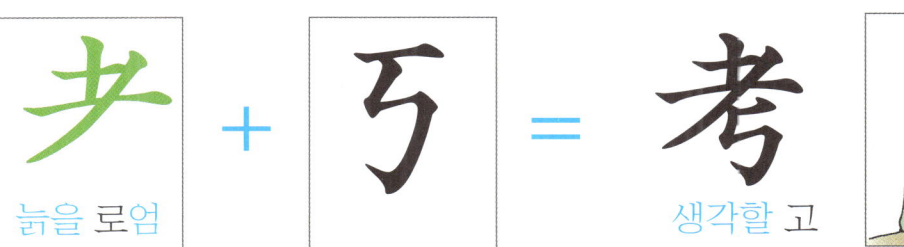

늙을 로엄 + 丂 = 考 생각할 고

늙을수록 생각이 교묘해지고, 깊어집니다.
참고 老부수는 耂 로 씁니다.

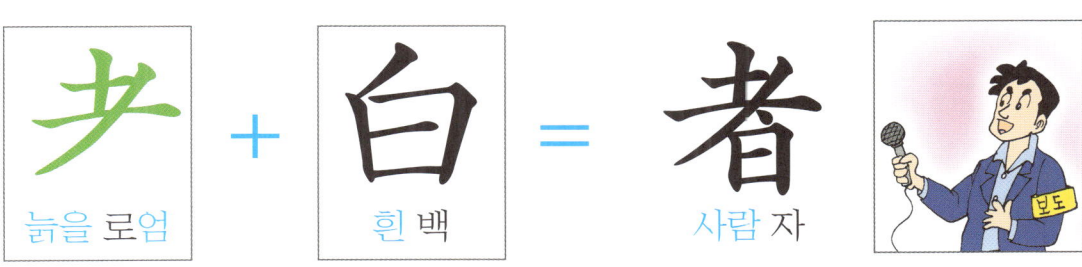

늙을 로엄 + 白 흰 백 = 者 사람 자

노인이 자기도 사람이라고 밝힙니다.
참고 白은 '밝히다', '말하다' 라는 뜻으로 쓰였습니다.

 老부수의 한자를 찾아 ○표 하세요.

鮮 고울 선   者 사람 자   考 생각할 고   魯 어리석을 로

😊 고을 읍(邑)에 대해 알아봅시다.

| 邑
고 을 읍 | 읍이라고 읽습니다.
고을이라는 뜻입니다. |  |

●빈 칸에 알맞은 글을 쓰세요.

邑은 ☐ 이라고 읽고, ☐☐ 이라는 뜻입니다

😊 邑은 마을을 본뜬 한자입니다.

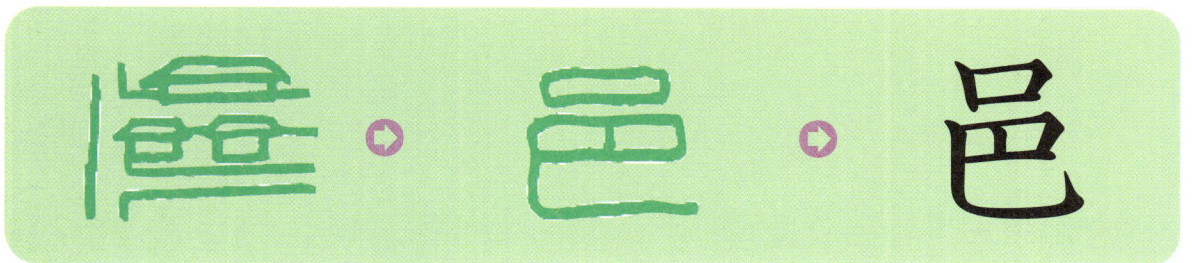

●빈 칸에 알맞은 글을 쓰세요.

邑은 ☐☐ 을 본뜬 한자입니다.

 필순에 따라 邑을 바르게 쓰세요.

총 7획

邑	邑	邑	邑
邑	邑	邑	邑

●뜻과 음을 소리내어 읽으면서 邑을 쓰세요.

고을 읍	고을 읍	고을 읍	고을 읍	고을 읍
邑	邑	邑	邑	邑

●빈 칸에 알맞은 한자와 뜻, 음을 쓰세요.

邑		
한자	뜻	음

	고을	읍
한자	뜻	음

글을 읽고, 邑 이 나오는 낱말을 알아봅시다.

우리 邑內(읍내) 사람들은
우리 마을을 매우 자랑스러워합니다.
한 때 백제의 都邑(도읍)이었기 때문입니다.
邑長(읍장)님은 다른 마을 책임자를 만날 때
늘 어깨에 힘을 주고 다니신답니다.

●읍내(邑內):마을 소재지가 있는 곳 ●도읍(都邑):나라의 수도
●邑長(읍장):읍의 책임자

빈 칸에 알맞은 한자를 쓰세요.

읍	내	도	읍	읍	장
邑	內	都	邑	邑	長
	內	都			長

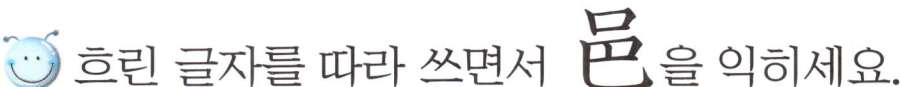

😊 흐린 글자를 따라 쓰면서 **邑**을 익히세요.

邑은 읍 이라고 읽고, 고을(마을) 이라는 뜻입니다.

邑은 마을 모양을 본뜬 한자이며, 획수는 총 **7** 획입니다.

邑은 부수로 사용될 때 **阝** 로 모양이 변하며 고을읍부 라고 읽습니다.

또 **阝**이 한자의 오른쪽 에 올 때는 우부방,

왼쪽 에 올 때는 좌부변 이라고 합니다.

邑이 들어 있는 **阝** 부수의 한자는 고을(마을) 과 관련 있습니다.

😊 뜻과 음을 크게 읽으면서, 邑을 쓰세요.

邑				

 邑부수의 한자를 알아봅시다.

交 벗할 교 + 阝 고을 읍부 = 郊 교외 교

교외는 읍내와 이웃처럼 붙어 있습니다.

참고 邑부수는 阝 (우부방)으로 씁니다.

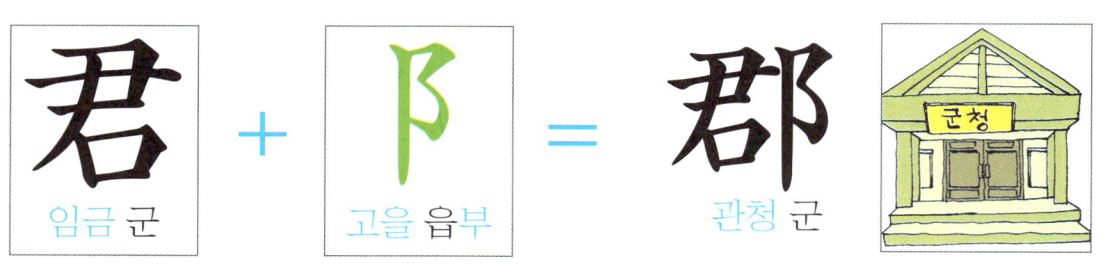

君 임금 군 + 阝 고을 읍부 = 郡 관청 군

임금이 있는 마을에 관공서가 있습니다.

 邑(阝)부수의 한자를 찾아 ○표 하세요.

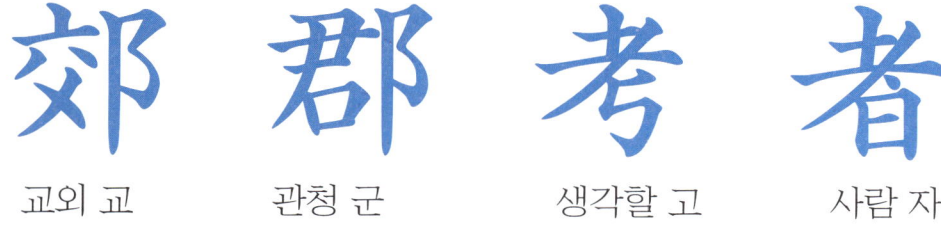

郊 교외 교   郡 관청 군   考 생각할 고   者 사람 자

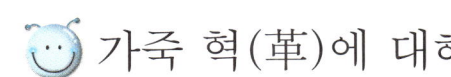
😊 가죽 혁(革)에 대해 알아봅시다.

혁이라고 읽습니다.
가죽 또는 **고친다** 는 뜻입니다.

●빈 칸에 알맞은 글을 쓰세요.

革은 [　　] 이라 읽고, [　] [　] 또는

[　] [　] [　] 는 뜻입니다.

😊 革은 가죽을 벗긴 짐승 머리뼈를 모습을 본뜬 한자입니다.

●빈 칸에 알맞은 글을 쓰세요.

革은 [　] [　] 을 벗긴 짐승 머리뼈를 본뜬 한자입니다.

😊 필순에 따라 革을 바르게 쓰세요.

총 9획

革	革	革	革
革	革	革	革	革

●뜻과 음을 소리내어 읽으면서 革을 쓰세요.

가죽 혁	가죽 혁	가죽 혁	가죽 혁	가죽 혁
革				

●빈 칸에 알맞은 한자와 뜻, 음을 쓰세요.

革		
한자	뜻	음

	가죽	혁
한자	뜻	음

글을 읽고, 革 이 나오는 낱말을 알아봅시다.

군인들이 革命(혁명)을 일으켰습니다.
革帶(혁대)에 권총을 차고,
무서운 모습으로 서 있었습니다.
군인들은 나쁜 정치를 革新(혁신)하고
새로운 정치를 펼치려고
革命을 일으켰다고 발표했습니다.

● 革命(혁명) : 법을 어기고 나라의 정권을 잡는 일
● 革帶(혁대) : 가죽으로 된 허리띠 ● 革新(혁신) : 오래된 것을 새롭게 고침

 빈 칸에 알맞은 한자를 쓰세요.

혁	명	혁	대	혁	신
革	命	革	帶	革	新
	命		帶		新

B115b

😊 흐린 글자를 따라 쓰면서 革을 익히세요.

革은 혁 이라고 읽고, 가죽 또는 고친다 는 뜻입니다.

革은 짐승의 머리뼈 를 본뜬 한자입니다.

革의 획수는 총 9 획입니다.

革이 들어 있는 革부수 의 한자는 가죽 또는

고침(바꿈) 과 관련있습니다.

😊 뜻과 음을 크게 읽으면서, 革을 쓰세요.

革	革	革	革	革	革
革	革	革	革	革	革

 革 부수의 한자를 알아봅시다.

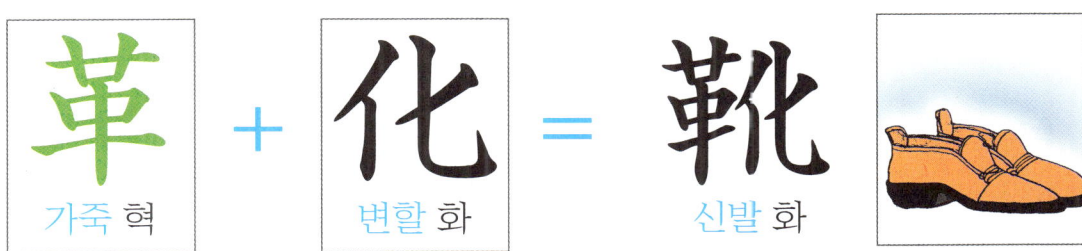

革 + 化 = 靴
가죽 혁   변할 화   신발 화

가죽을 변화시켜서 구두를 만듭니다.

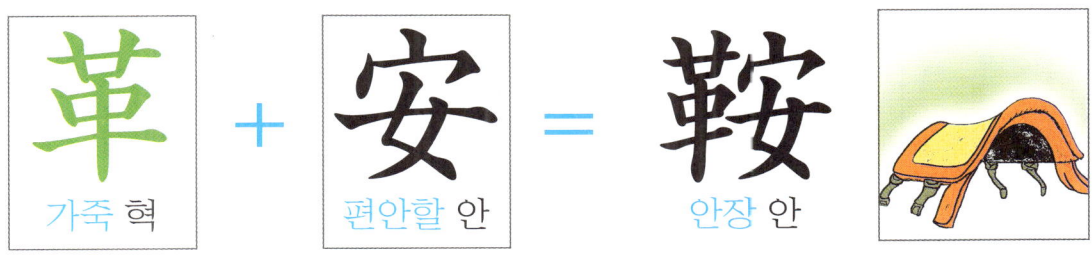

革 + 安 = 鞍
가죽 혁   편안할 안   안장 안

말을 편하게 타기 위해 가죽으로 안장을 만듭니다.

 革 부수의 한자를 찾아 ○표 하세요.

鞍   郊   靴   郡
안장 안   교외 교   신발 화   관청 군

😊 뜻과 음을 읽으면서, 이번 주에 배운 한자를 쓰세요.

고기 어	고기 어	고기 어	고기 어	고기 어
魚				

늙을 로	늙을 로	늙을 로	늙을 로	늙을 로
老				

고을 읍	고을 읍	고을 읍	고을 읍	고을 읍
邑				

가죽 혁	가죽 혁	가죽 혁	가죽 혁	가죽 혁
革				

 그림과 관계 있는 한자를 선으로 이어 보세요.

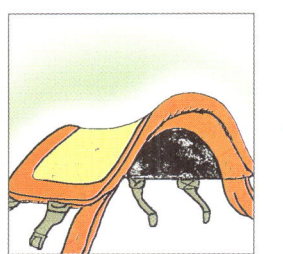

부수가 같은 한자끼리 선을 이으세요.

魚
고기 어

老
늙을 로

邑
고을 읍

革
가죽 혁

郊
교외 교

者
사람 자

靴
신발 화

鮮
고울 선

빈 칸에 알맞은 한자를 쓰세요.

문	어
文	

경	로
敬	

읍	내
	内

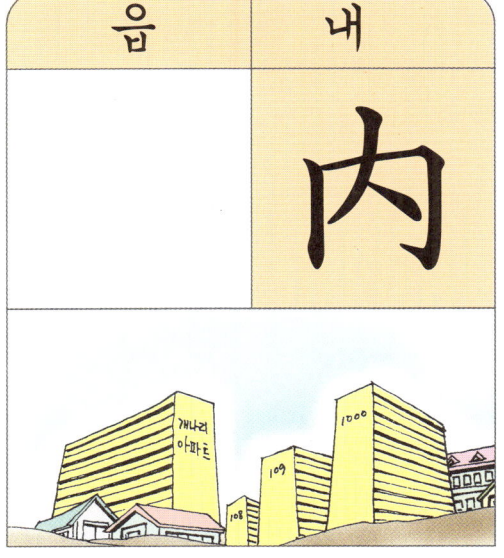

혁	명
	命

동화를 읽고, 빈 칸에 알맞은 한자를 쓰세요.

해오라기도 알 건 다 안다

바닷가 마을 邑內(읍내)에 고기를 잡으면서 살아가는
老人(노인) 한 사람이 살고 있었습니다. 이 老人은 고기를 잡으면
바닷가에 있는 해오라기들에게도 나눠주곤 했습니다.
그래서 해오라기들은 그에게 아무 거리낌 없이 다가오곤 했답니다.
이것을 안 老人의 부인이 꾀병을 부렸습니다.
"내가 큰 병에 걸렸대요. 해오라기 고기를
文魚(문어)와 함께 먹으면 낫는다는군요."
이 말을 듣고 老人은 革帶(혁대)에 올가미를 차고
해오라기를 잡으려고 바닷가로 나갔어요.
그러나 해오라기들은 이상하게도 老人에게 다가오지 않았답니다.
말 못하는 날짐승이지만 느낌으로 老人의 태도가
보통 때와는 다르다는 것을 알아챘기 때문이었습니다.
그 날 이후, 해오라기는 모두 바닷가에서 사라졌습니다.

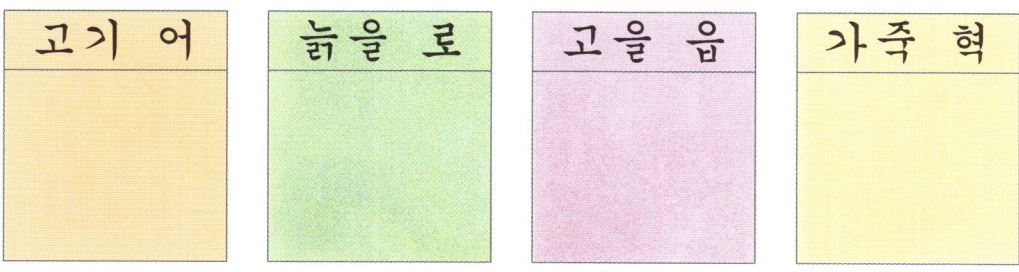

고기 어	늙을 로	고을 읍	가죽 혁

😊 왼쪽 그림이 변해서 무슨 한자가 되었을까요?
빈 칸에 알맞은 뜻과 음, 한자를 쓰세요.

뜻	음	한자

뜻	음	한자

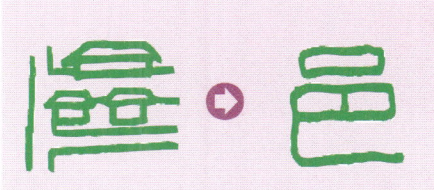

뜻	음	한자

뜻	음	한자

B119b

😊 서로 알맞은 것끼리 선을 이으세요.

魚	老	邑	革

늙을	가죽	고기	고을

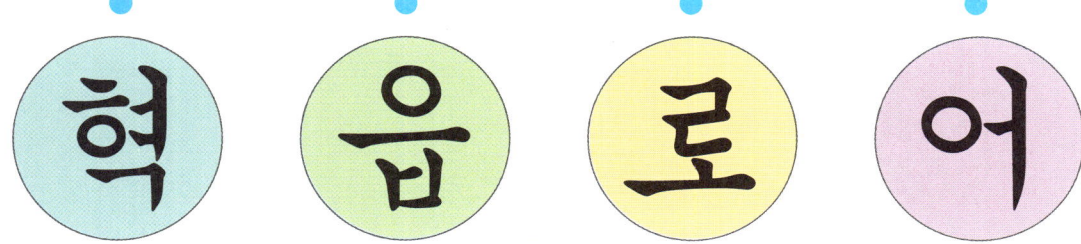

혁	읍	로	어

이 달에 배운 한자를 다시 한 번 써 보세요.

鳥 새 조				風 바람 풍		
羽 깃털 우				里 마을 리		
谷 골짜기 곡				片 조각 편		
食 밥 식				鬼 귀신 귀		
角 뿔 각				魚 고기 어		
馬 말 마				老 늙을 로		
鹿 사슴 록				邑 고을 읍		
音 소리 음				革 가죽 혁		

 내 말이라도 잡아 국을 끓이게

손님 가라고 가랑 비가 오나?

革帶 풀고 점심 먹고 가라고 비가 오나 보지.

점심상 차리거라!

지독한 놈! 요놈아, 내가 짱철판 정수동이다.

魚肉(어육)은 고사하고 반찬이 이게 뭐야!

요 놈아 이거나 먹고 가라.

요즘 자네 살림이 어려운 것 같구먼.

사실 좀 그렇네.

웃기지 마, 창고엔 먹을 게 가득해.

그럼 내 말을 잡아 국을 끓이게.

자넨 뭘 타고 가려고?

저기 마당에 있는 암탉이나 타고 가지 뭐.

에이! 할 수 없군, 얘들아 닭 잡아 올려라!

鳴	鳥부수 한자				
	울 **명**				
習	羽부수 한자				
	익힐 **습**				
俗	亻부수 한자				
	버릇 **속**				
飮	食부수 한자				
	마실 **음**				
解	角부수 한자				
	풀/해부할 **해**				
駐	馬부수 한자				
	멈출 **주**				
麟	鹿부수 한자				
	기린 **린**				
韶	音부수 한자				
	아름다울 **소**				

颯	風부수 한자				
	바람소리 삽				
野	里부수 한자				
	들 야				
版	片부수 한자				
	인쇄 판				
魂	鬼부수 한자				
	넋 혼				
鮮	魚부수 한자				
	고울 선				
者	老부수 한자				
	사람 자				
郡	阝부수 한자				
	관청 군				
靴	革부수 한자				
	신발 화				

뜻과 음, 한자를 바르게 쓰고, 부수 한자를 익히세요.

風	뜻 음	風	風	風	風
里	뜻 음	里	里	里	里
片	뜻 음	片	片	片	片
鬼	뜻 음	鬼	鬼	鬼	鬼

뜻과 음, 한자를 바르게 쓰고, 부수 한자를 익히세요.

魚	뜻	魚	魚	魚	魚
	음				
老	뜻	老	老	老	老
	음				
邑	뜻	邑	邑	邑	邑
	음				
革	뜻	革	革	革	革
	음				

鳥	뜻		鳥	鳥	鳥	鳥
	음					
羽	뜻		羽	羽	羽	羽
	음					
谷	뜻		谷	谷	谷	谷
	음					
食	뜻		食	食	食	食
	음					

뜻과 음, 한자를 바르게 쓰고, 부수 한자를 익히세요.

角	뜻				
	음				
馬	뜻				
	음				
鹿	뜻				
	음				
音	뜻				
	음				

己	뜻				
	음				
自	뜻				
	음 /				
弓	뜻				
	음				
支	뜻				
	음				
日	뜻				
	음				
止	뜻				
	음				
寸	뜻				
	음				
雨	뜻				
	음				

犬	뜻				
	음				
禾	뜻				
	음				
草	뜻				
	음				
舟	뜻				
	음				
靑	뜻				
	음				
赤	뜻				
	음				
身	뜻				
	음				
骨	뜻				
	음				